格局

兰涛 编著

将帅型领导法则

时事出版社
北京

图书在版编目（CIP）数据

格局：将帅型领导法则 / 兰涛编著 .—北京：时事出版社，
2021.11
ISBN 978-7-5195-0439-7

Ⅰ.①格… Ⅱ.①兰… Ⅲ.①领导学 Ⅳ.① C933

中国版本图书馆 CIP 数据核字（2021）第 196216 号

出 版 发 行：时事出版社
地　　　址：北京市海淀区彰化路 138 号西荣阁 B 座 G2 层
邮　　　编：100097
发 行 热 线：（010）88869831　88869832
传　　　真：（010）88869875
电 子 邮 箱：shishichubanshe@sina.com
网　　　址：www.shishishe.com
印　　　刷：大厂回族自治县德诚印务有限公司

开本：880×1230　1/32　印张：8　字数：150 千字
2021 年 11 月第 1 版　2021 年 11 月第 1 次印刷
定价：50.00 元
（如有印装质量问题，请与本社发行部联系调换）

前言

何为将帅？兵法云："能领兵者，谓之将也"，"能将将者，谓之帅也"，"将者，智、信、仁、勇、严也"。智，知识渊博，能通达内外环境变化规律；信和仁是指情商，能赢得人心。而勇和严是指胆商。要勇而不暴躁，智而不心怯，仁慈受爱戴，信用不欺人，忠无二心。优秀的将帅者德才兼备，是各类企业或组织的中流砥柱。

管理大师彼得·德鲁克曾经说过："企业能够模仿的唯一组织结构就是军队！"

企业与军队最本质的相同之处，在于"活下来"和"活得强大"，这是两者共同的底线追求。因此，企业也是最具危机意识和创新力的组织。

在管理创新上，企业也和军队一样，要因应时代更替、技术革命的变化而率先进行变革。事实上，管理学的诸多理论和管理词汇都源于军事理论和军事词汇。

对于企业领导者来讲，也与军事领导者一样，面临的共同挑战永远是"不确定性"，这就从根本上决定了他们的角色与使命，也决定了他们必须拥有一种独特的领导力。

千军易得，一将难求。优秀的将帅之才是组织的中流砥柱，代表着团队的精神内核，也决定着组织的未来走向。群龙须有强首，任何单位和企业都需要这样的领军人物。

对个人来说，不想当将军的士兵不是好士兵。如果你时刻能以将帅之才的标准要求自己、锻炼自己，假以时日，你必将脱颖而出，成为一个有格局、有担当、有能力的优秀领导者。

目录

上篇　性格意识篇

第1章　守信：身正令行，信以服众
003 … 遵守诺言，不虚伪欺诈
007 … 最好的守信，就是以身作则

第2章　远见：目光如炬，高瞻远瞩
011 … 超越常人的眼光才能赢得先机
018 … 高瞻远瞩，周密计划

第3章　胆识：基于能力，成于魄力
022 … 敢为别人不敢为之事
025 … 强大的内心与意志力
030 … 敢于冒险，敢于尝试

第 4 章　担当：勇于负责，敢于承担
034 … 勇于认错，重获信任

037 … 主动揽过，赢得部属的心

第 5 章　沉稳：胸有惊雷，面似平湖
041 … 情绪控制是领导力的首要表现

045 … 临危不乱，从容应对

第 6 章　果敢：机不可失，当断不乱
048 … 成功属于果敢的决策

052 … 抓住时机，一蹴而就

第 7 章　器量：贤而能下，刚而能忍
057 … 为将帅者可贵的是大气

061 … 给"面子"其实就是给尊重

下篇　实践提升篇

第8章　将才如何提升责任力

069 … 全力以赴做自己擅长的事

075 … 称职的真正含义

080 … 对自己的命运负责

084 … 真正的将才不会逃避挑战

第9章　将才如何提升思维力

089 … 善用辩证思维分析问题

094 … 依靠逻辑思维理性思考

098 … 缜密多思胜过直觉

102 … 运用抽象思维分解任务

108 … 别忽视灵感

113 … 转换思考问题的角度

第10章　将才如何提升决策力

118 … 明确提出团队目标及方向

122 … 鼓励所有成员参与决策

127 … 永远保持危机感

131 … 将负面变局化为正面转机

136 … 上情下达与下情上传通畅无误

139 … 别轻易相信权威

144 … 掌握行业发展现状及趋势

149 … 在深谙趋势的基础上造势

第11章 将才如何提升执行力

155 … 以实干取代空谈

159 … 以有效执行力获得员工认可

164 … 决不寻找借口

169 … 确定目标便不遗余力

172 … 为下属提供支持性指导

177 … 职责到位，决不能越位

179 … 融合员工多元力量

183 … 对员工的执行进行必要把控

第 12 章　将才如何提升沟通力

188 ⋯ 沟通是不可忽视的

193 ⋯ 愿意倾听下属的真实心声

198 ⋯ 学会与不喜欢的人沟通

200 ⋯ 用最简练的语言表达观点

202 ⋯ 以硬碰硬，不如硬话软说

207 ⋯ 通过走动式管理加强沟通

213 ⋯ 批评沟通的关键

217 ⋯ 优化批评的尺度与方式

第 13 章　将才如何提升学习力

224 ⋯ 心无旁骛专注于一事

229 ⋯ 积极地自省

234 ⋯ 谦逊为人，见贤思齐

239 ⋯ 在岗位上保持充电状态

242 ⋯ 永远以激发潜力为目标

上篇

性格意识篇

第1章
守信：身正令行，信以服众

古人说得好："君子一言，驷马难追。"这句话旨在告诫人们，说出去的话，不能反悔。意即我们现在常说的"言出必行"。这是做人的学问，也是做领导的首要前提。一个成功的领导必定是守信之人、重信之人，否则断然不会有人追随。

遵守诺言，不虚伪欺诈

"君子一言，驷马难追。"即说到做到，做出的承诺就一定要兑现。这是做人的学问，也是做领导的学问。领导，在属下心目中是一个"官"，要做好官，先要做好人，要为好人，首先就要讲诚信。诚，就是忠诚正直、言行一致；信，就是遵守承诺、不虚伪欺诈。

春秋战国时，秦国的商鞅制定了新法，试图在秦国实施变法。但是，商鞅又担心老百姓不信任自己，不按照颁布的新法令去做，怎么办呢？商鞅想了一个法子，他命人在城南门竖了一根木头，下令说："谁能把这根木头扛到北门去，就赏十金。"十金对当时的百姓来讲可不是个小数目，有的人家一年也没这么高的收入呢。正因为如此，大多数人都不相信有这等好事，认为这不过是商鞅戏弄人的把戏。于是，商鞅又将奖励的数目提高到五十金。

就在众人犹豫不决驻足观望时，围观的人群中站出一人，他扛起木头，从南门一直走到北门。商鞅立刻赏给了那人五十金，分文不少。这件事立即传开了，轰动了整个秦国。就这样，商鞅在百姓中树立了威信，人们愿意遵守他推行的法令，新法得以顺利实施，为秦国吞并六国、最终实现中华民族的统一奠定了基础。

不难看出，商鞅坚守言行一致的行为，在赢得百姓信任的同时，也奠定了自己的领导地位。将才，就需要这样来立信。当你把"诚信"当作人生第一要义，也就奠定了你领导他人的根基。如果一个领导者能为大众所信赖，他做出的决策、发出的命令就会被认可并得到很好地执行。

但在实际工作中，有些领导喜欢在下属面前夸夸其谈，以示自己的能力卓越、地位超然；或者为了笼络和激励下属，喜欢大表决心或轻易许诺，如"我们公司很快就上市了，到时候人人是股东""若能超额完成任务，大家月底能拿到40%的分红"……过后又往往办不到。

殊不知，轻易许诺或许能获得下属暂时的支持，但之后又轻易毁诺时，人们也就明白这样的话是多么肤浅而不可信任。一旦下属对领导形成这种固有判断，即使你再做出千百倍的努力，也不能轻易改变他们早先形成的对你的印象了。

诚信，并不存在于惊天动地的业绩中，也不依赖于人们与生俱来的天赋，而在于一个人对其言行的坚守。将才的性格中，应该舍弃一分言语的浮躁，多几分稳重与谨慎——经过更多思考与斟酌后说出的言语，必然有更重的分量。

身为领导，应把"诚信"当成人生第一要义，有"言必信、行必果"的魄力，这并不在于高高在上地发号施令，而在于日常生活中言行的坚守与一致。哪怕是微末小事，只要你许诺或答应了，就要用谨慎和认真的态度去对待，就要保证不折不扣地兑现自己的诺言。

乔治·巴顿是美国著名的军事统帅,他邮寄香烟的故事在人群中广为流传。

第二次世界大战期间,有一次巴顿将军参加盟军的一个高级军事会议。会议时间很长,巴顿抽光了自己随身携带的雪茄,便向身后的海军助理乔治·布彻中校借烟。布彻很敬重巴顿,他大大方方地将烟盒放在桌上,请巴顿将军随便用。谁知,巴顿的烟瘾特别大,一支接一支地将布彻的烟抽光了。

会议结束后,巴顿一本正经地对布彻说:"谢谢你!烟的味道真是好极了,以后我一定会给你回寄一些烟。"布彻中校笑了笑,他想,巴顿将军肩负重任、日理万机,怎么可能会抽时间给自己寄烟呢?所以,他一直没有把巴顿将军的话当真。渐渐地,他将巴顿将军要给他寄烟的事情忘了。

没想到,几年后的一天,布彻中校突然收到一箱上好的雪茄。原来,巴顿当初忘记问布彻中校的具体地址了,当他好不容易才打听到布彻的地址后,立刻就把烟寄来了。布彻十分感动,他逢人就夸:"巴顿将军是个可以信赖的人,我很尊敬他。"

一箱雪茄看似微不足道，可这件事为什么广为流传呢？因为诚信，这是人格的魅力。

诚信，不仅是指许诺别人的事情要尽力做到，不失信于人。而且，还意味着不说假话、大话和空话。作为将才，如果你没有十足的把握去兑现一个承诺，那么一开始时你就不要随便承诺。如果真的遇到了棘手问题而不能兑现承诺，要开诚布公地与下属进行商洽。

总之，作为领导者，许下承诺时要谨慎，要明白每句话之后都有一份责任；要严格要求自己的行为，对自己的负责。无论能力优劣、职位高低，只要你讲诚信，所作所为就会被大家信赖，最终成为一名优秀的将才。

最好的守信，就是以身作则

《论语》言："其身正，不令而行；其身不正，虽令不从。"作为一个领导者，只有自己行得端正，做出表率，才有不用等到下令，下属就已自动行动起来；相反，若是自己行事不端，即使你严格要求下属也不会有人愿意听从你的领导和指挥。

蜀国名相诸葛亮因误用马谡而痛失战略要地街亭，导致北伐失利，从而有了诸葛亮挥泪斩马谡；回朝后，又表彰了唯一没有损兵折将的赵云，然后向后主刘禅上疏，请求自贬三级。当时虽然蜀国后主刘禅昏庸，国势减弱，但诸葛亮的以身作则、"禁胜于身"，国家法令才畅行无阻，方能保蜀国一时昌盛。

在明朝，朱元璋杀婿灭亲，更是以身作则的榜样。明朝的茶叶是国家和西域人交换马匹的主要物资。为此，朱元璋制定了《茶法》，严禁贩卖私茶，并在茶叶产地和主要关隘设立了专门的机构，管理茶叶贸易事宜。可是朱元璋的女婿欧阳伦，仗着其皇亲国戚的特殊身份和地位，目无法纪、贩卖私茶、牟取暴利，不仅如此，他还怂恿家人巧取豪夺，大量收买茶叶。地方官员对其作为十分不满，意欲上报。而欧阳伦不但不收敛，反而仗势欺人，对意欲告发者严刑拷打，逼其屈就。朱元璋知道后大怒，查明情况后即刻将自己的女婿赐死。同时对那位地方官进行了敕令嘉奖。这件事处理的结果是，朱元璋失去了一个女婿，却赢得了天下的人心，使得《茶法》得以顺利推行，真可谓"法立令行，则民之用者众矣"。

古代打仗，只有将军身先士卒，才能鼓舞士兵奋勇厮杀。现代社会也是如此，对一家企业来说，如果你想做一个令人信服的领军人物，就要懂得并且践行"以身作则"，正所谓"榜样的力量是无穷的"。

万达公司董事长王健林曾说："我是万达的创始人，但我依然坚持，我要求员工做到的，自己首先做到。论敬业，我每天7点多到公司，早来晚走，很少休息，是最勤奋的企业家。讲廉洁，招投标我从不干涉，在公司里没有我的任何亲戚；而且我对自己的亲属也严格要求，不允许亲属与公司做生意。讲信用，我不论亲疏，只看能力，员工在万达工作好就是最好的关系，提倡人际关系简单化。所以到现在为止，在公司里我敢说一句话：'向我看齐'。"

看一个公司怎样，不是看它的员工，而是要看它的领导者。若一个公司领导要求自己的员工"向我看齐"，还怕这个公司没希望吗？！

企业家柳传志曾在"诚信中国行动联盟"发布会上公

开承诺要以身作则，讲诚信，守承诺。"我在这里保证，我的企业和本人保证做到：一定重信誉、守承诺！不只是说，我自己一直确实是这么做的，我把名声看得比金钱重要得多。"

"火车跑得快，全靠车头带"。领导者的信用首先就体现在表率作用上。表率发挥得好不好，关系到一个团队有没有凝聚力和战斗力，关系到一个企业有没有信用、能不能得到外界的认可。如果企业信用破产，则这个企业不可能会有前途。所以，无论哪个层级的管理者，一定要时时事事处处发挥模范带头作用，要做思想和行动的先导，带头真抓实干。只有自身带头实践，撸起袖子加油干。才能带领团队其他成员心往一块儿想、劲朝一块儿使，才能干出成绩、干出效果。

正如《傅雷家书》中所说："世上最有利的论证莫如实际行动，最有效的教育莫如以身作则；自己做不到的事千万勿要求别人，先改自己。"

第 2 章
远见：目光如炬，高瞻远瞩

　　眼光的远近，决定了你的领导水平能达到的高度。想要成为卓越的将帅，首先就要培养自己卓尔不群的眼光，这对你的发展有着举足轻重的作用。一旦具备了超越常人的眼光，你就能先于别人发现现实中所蕴藏的机会，尽可能地化解、规避现实中所遇到的风险，从而带领自己的团队一步步走向成功。

超越常人的眼光才能赢得先机

　　一名成功的领导者，总是善于审时度势，能够从时机、战略和全局上考虑和分析问题，从而抓住最好的时机。俗话说得好，"千军易得，一将难求"。如果你具备了一个领导者应该具备的敏锐眼光，那么成功离你也就只有咫尺之遥。

　　为将帅者，必须要具备超越常人的眼光。眼光放得远，才能预判企业将来会遇到的各种问题和困难，从而从容应对，使企业立于不败之地；眼光看得准，才能发现市场中所蕴藏的契机，使企业赢得先机。

商场如战场，给你一个团队去带，你的每一个命令或决策，都关系到这个团队的生死存亡。作为一名将帅型的人才，你不仅要有远见卓识，更要善于从现实中寻找潜藏的机遇，只有发现机遇并把握好它，才能带领自己的团队一步步走向成功。

有很多企业败于领导者欠缺眼光，没有超越常人的远见卓识，因而导致他们不可能带领自己的企业在激烈的市场竞争中永远走在前列。当别人通过敏锐的眼光找到发展的机遇时，你却依然在原地打转，结果自然可想而知。

眼光的远近，不仅决定了你能将企业带到何种高度，也决定了你个人才智会达到什么高度。职场中那些成功的管理者，几乎都有着卓尔不群的眼光。正是这种眼光，让他们成为了卓越的将帅，也让他们在各自的领域创造出了辉煌的成绩。

盛田昭夫是日本索尼公司的创始人，在日本国内素来有"经营之圣"的美称。他在索尼有一个完美的开端和过程，也有一个备受争议，甚至有点悲凉的收场。

在索尼公司任职期间，盛田昭夫的决策一向是英明而正确的；但他晚年却启动了一笔当时被人们看作是荒唐透顶的收购交易。

1989年9月，索尼公司斥资48亿美元将哥伦比亚电影公司及其关联公司一并收购。在很多经济学家和管理大家看来，此次收购实乃索尼的"发疯"举动，他们断言此次收购将索尼推向万劫不复的深渊。

这是因为，当时哥伦比亚电影公司的股价为每股12美元，但索尼的出价却是每股27美元。这样一笔看起来亏本的买卖，怎能不让人错愕呢？

果然，收购之后事态的发展被不看好收购的专家们言中。从收购那天到1994年9月30日，哥伦比亚电影公司累计亏损31亿美元，创下了日本公司公布的亏损之最。在此局面下，索尼公司似乎大势已去，大厦将倾。面对着如此巨大的压力，盛田昭夫有些招架不住了，很不幸，他已于1992年得了脑卒中，从此不再处理索尼公司的经营决策与管理事务。

然而，上帝似乎总是在和人们开玩笑，而历史和时间也似乎在检验着真正的成功者与英雄。当时间的脚步迈入

21世纪，人们逐渐惊讶地发现，原来当年盛田昭夫那一笔看似是"失误"的亏损收购，却是他为索尼公司留下的最"值钱"的"家业"。

想当初，那些人死死抱着利益损益表斤斤计较于眼前的经济利益，却看不到盛田昭夫的良苦用心。人们没有想到，他用自己特有的眼光洞见了21世纪索尼公司赖以存活的根基——视听娱乐，而且用其敏锐的商业直觉，觉察到了好莱坞的知识产权对索尼公司发展的巨大战略意义。

时至今日，虽说索尼公司遇到了一些暂时的困难，但是业内人士仍然看好索尼，因为它围绕着家庭视听娱乐而展开的完整产业链和从内容、渠道、网络到终端的商业体系，必将使之摆脱目前的危机，摘得"家庭电子娱乐霸主"的桂冠。

由此，我们可以看出，正是盛田昭夫战略家的超前眼光和企业家的过人胆略，告诉了人们50年后的索尼公司靠什么存活、凭什么竞争。

一次备受争议的抉择，有人拍手叫好，有人怨声连连。直到多年之后，人们才由衷地钦佩盛田昭夫这位有着远见卓识的优秀企业家。盛田昭夫的一着"妙棋"，让索尼公司拥有了可以长久依赖的"金饭碗",也让人们认识到了优秀将帅的价值。而他这种发现机遇的宝贵能力,正是源自卓尔不群的眼光。

作为一名将帅型人才,就要能够发现别人所不能发现的那些机遇,洞察契机的能力对于将帅型人才来说至关重要。

所有有志于成为一名优秀将帅的领导者,都应该格外重视培养自己的眼光,开阔自己的视野,提高自己发现机遇的能力。当你具备了睿智的眼光你就会发现,你已经能够轻松地洞察到事物的本质,能够在变幻莫测的市场环境中做出最好的决策。

闻名世界的麦当劳快餐创始人兼总裁雷·克罗克是一个很有战略眼光的人。他善于在商海中寻找机遇,麦当劳的崛起就是得益于他这份独到的眼光。

一次,雷·克罗克接到了一份订单,而这份订单上写着要订购14台制奶机。雷·克罗克拿到这份订单后喜出望外,觉得这是一笔大买卖,于是决定和客户见上一面。殊不知,这次见面不仅使美国产生了一个新兴的快餐业,也改变了雷·克罗克后半生的命运。

原来,这位客户正是如今家喻户晓的麦当劳兄弟。当时，麦当劳兄弟正在合伙经营着名为"麦当劳"的快餐馆。餐馆的规模不大，食物品种也不丰富，主要是汉堡包和炸薯条。

出于好奇心，雷·克罗克品尝了麦当劳餐馆的食品，没想到一下子就被它吸引住了。当然，吸引雷·克罗克的不只是美味可口的食物，还有麦当劳兄弟独特的经营方式。因为雷·克罗克发现，麦当劳兄弟采用的是流水线生产汉堡包和搭售炸薯条的营销方式。在制作和销售过程中，采用的是标准化牛肉小馅儿饼、标准化配菜系列，不仅如此，他们还采用红外线灯照射炸薯条，以保持炸薯条的爽脆可口。由于食品口感好、分量足，并且很快捷，"麦当劳"的食品很受当地居民的喜爱。

此外，有一个巨大的拱形"M"招牌也吸引了雷·克罗克的注意。在当时所有的麦当劳餐馆中都有这一招牌，名字也都叫作"麦当劳"显然，这已经有了联合销售、联合经营的发展趋势。

尽管麦当劳有很多可圈可点的地方，但雷·克罗克经过周密考察，还是发现他们的经营思路并不是完美的。在雷·克罗克看来，麦当劳兄弟有个致命的弱点，那就是思想比较保守落后，而且过于满足现状。因此，他们对于进一步开发拓展业务和发展分店似乎兴趣不大。

所有这些,都给雷·克罗克留下了难以磨灭的印象。

但是,雷·克罗克没有放弃,多年的推销员生涯和对饮食业发展趋势的深刻认识告诉他,麦当劳餐馆的这种生产和销售模式非常重要,只是还需要改进。因此,他并不急于签订出卖制奶机的合同,而是留在加利福尼亚州连续考察了一周。

一周中,雷·克罗克马不停蹄地四处走访,深入观察,结果又有了新的发现。当时,他告诉自己:人生的转折时机就要来临了。

1960年,雷·克罗克做出了令人惊异的决策——出资340万美元买下了麦当劳兄弟的全部资产和经营权。这在美国的经商史上,算得上一个奇迹。

后来,雷·克罗克跟人们解释说:"当我遇到麦当劳兄弟时,已有多年准备了。以我多年在食品、饮食业中推销的经验,我有足够的能力去判断机会是否真正来临。"

麦当劳辉煌的成功,得益于雷·克罗克当初睿智的眼光。如果他没有从那份订单中敏锐地看到发展的契机,如果没有果断出手去把握住这次机会,那么现在也就不会有麦当劳这个闻名世界的快餐业巨头了。

　　一名卓越的领袖，要有卓尔不群的眼光，有善于发现机会的能力。"机遇诚可贵，眼光价更高"。抓住了一次宝贵的契机，也就是为企业插上了腾飞的翅膀，企业从此会走上快速发展之路，一日千里。一份意外的发现有可能重新设定一家企业的发展轨迹，在迈向成功的道路上，眼光有多准，你的成就就会有多大。

高瞻远瞩，周密计划

　　事业需要计划，计划也需要有长远的眼光。成功的将帅都善于制订严谨的工作计划和战略目标。当然，在执行计划的过程中并非一帆风顺，这要求领导者即使在极端困难的情况下也要振作精神，鼓起勇气去做。有明确、正确的目标，并能够坚持不懈、不屈不挠地努力，那么胜利必将属于你和你的团队。

　　只能看到眼前利益的人是不会有长远的眼光的，长远的眼光中重要的一环就是周密的计划，这个计划不仅要考虑到自己，更要关注到"自己"的外面世界，也就是居安思危。如果一个将帅没有计划，就无法确定努力的方向，从而只能在职业旅途上徘徊，甚至走向末落。

为将帅者必须要善于计划。做每一件大事，都应该有大计划，这计划要分门别类循序渐进；而每一个大计划又包括若干阶段性的小计划，每一个阶段性小计划前后彼此都要有密切的联系，并且相互衔接，以便加以统筹安排。

例如：一次战争，应有整体的战略布置；而每一次的战役，又有其具体的战役计划。现代企业的运营也是如此，除了每一个部门要有自己的建设计划，还要按照时期、种类分别计划。国家如此，个人也不例外。个人计划有人生规划，有年度计划，以及每天的日常计划；有了明确的计划及目标，然后按照计划行事，日积月累，自然会有所成就。

如果说战略与格局是意识层面，那布局与计划就是落实层面。没有战略，计划就会失去方向；没有计划，再好的战略也难以实现。

早在十几年前，任正非就讲过："我们做操作系统，和做高端芯片是一样的道理。主要是让别人允许我们用，而不是断了我们的粮食。断了我们粮食的时候，备份系统要能用得上。"

后来的事实也证明了他的战略判断与布局能力。

在中美贸易战前,华为拥有的 5G 商用合同,占据了全球 5G 订单的近一半。当时预计到 2025 年,华为在全球将有六百多万个 5G 基站、二十几亿个用户,覆盖全球 58% 的地区。不过遗憾的是,美国将 5G 技术视为一种战略武器。对他们来说,这就像一颗"原子弹。"

面对当前世界波涛汹涌的态势,任正非曾说过:"华为在全世界 5G 和微波做得最好,我从不担忧。""在通信领域我们的能力是世界最强的。所以我相信,不选择华为的国家和选择了华为的国家在将来会有对比的,我们不能限制他们的选择。"

这就是任正非和华为的底气。为了今天这个"底气",任正非和华为采取了一切着眼于未来的可行性布局,特别是在研发的投入和人才的培养上。

任正非说过,"对未来的投资不能手软。我们呼唤更多有战略眼光的人走到管理岗位上来。""我们每年研发经费的投入已经达到 150 亿~200 亿美元,未来 5 年总研发经费会超过 1000 亿美元。资本公司是看好一个漂亮的财务报表,我们看好的是未来的产业结构。"

虽说华为一直在不断地遭受打压,但却从未放弃过发展,在面对外部巨大压力的时候,华为很多之前的布局都成为了救命稻草,像HMS服务、鸿蒙操作系统以及芯片储备计划等。

古人云,不谋万世者,不足谋一时;不谋全局者,不足谋一域。企业家的判断、决策、布局,对于企业的发展至关重要。

没有计划的将帅都不会成功,所以有人说:"没有计划,就是正在计划失败。"成功的将帅都善于制订自己的工作计划,他们很清楚自己预想的目标,并且会为这个目标的实现制订周密的计划。有管理者调侃:你可能不会被大象踩死,但你可能会被蚊子叮咬。而蚊子,就是你会疏忽的地方。由此可见,计划是任何一个目标实践过程中必不可少的一环,做出详细、周密的计划,坚持按一定顺序一步步执行并完成计划,才能一步一步向既定目标迈进。

第3章
胆识：基于能力，成于魄力

聪明出众称之英，胆识过人谓之雄。但凡卓有成就的将帅型人才都知道希腊哲人苏格拉底所说的"守护神"，那是潜藏于我们身体之内的"神灵"，它会不断地提醒人们："一定要多加小心！"但是，只要决策是正确的，就没有任何理由因执行起来有难度，或因其麻烦而选择退却。

敢为别人不敢为之事

一个有胆识的将帅型人才，在面临困境的时候，不会垂头丧气；在遇到阻碍的时候，不会畏首畏尾；在需要力排众议的时候，不会瞻前顾后。胆识是将帅型人才的无形天赋，也是一架通天梯。胆识，是我们所向披靡、战胜困难，赢得别人钦佩的目光，攀登到事业的巅峰的不可或缺的因素。

有日本"赚钱之神"之称的邱永汉曾说过这样一句话："做企业，没有什么别的秘诀，只要有一笔可以牺牲的钱和一个敢冒险的胆子。"

我们还经常听到这样一句俗语：撑死胆大的，饿死胆小的。话虽粗俗，但道理却明明白白，千真万确。在如今处处存在着竞争与机遇的社会，也必然存在着众多的风险。如果一个人缩手缩脚，前怕狼后怕虎，那么其带领下的团队将会失去一展宏图的机会，其企业也必将无法在激烈的市场竞争中寻求到发展壮大的机会。

在企业发展的道路上，只有具备勇气和胆识的人才能大胆地去接受风险的挑战，也只有在这样的管理者领导之下，企业才有抓住发展契机腾飞的可能。

纵观古今，但凡有所成就、名垂青史、为大家铭记的人物都是有胆有识，敢为别人不敢为之事，东汉外交家班超就是这样的人。

班超还是一名普通使者的时候，曾奉皇帝之命前往西域，欲让西域的那些国家臣服于东汉。当时班超仅带了36名手下就出发前往"虎狼之地"西域，但他丝毫不觉得此行凶险，反而信心胆气十足。

班超首先到了西域的鄯善国。当时东汉和匈奴有深仇大恨，双方使臣见面自然剑拔弩张。看到班超只带了36人，双方实力悬殊，鄯善国王心想只要灭了班超一行人，鄯善国就不用向东汉称臣了。

班超也知道自己的处境很危险，但他丝毫不惧不乱，带着手下快速离开，然后在路上精心布置下了一个大陷阱，追来的匈奴人掉进了陷阱中，斩杀了数百匈奴人，班超下令割下所有匈奴人的头颅，把这些头颅仍在了鄯善国王的面前。鄯善国王看到这样的场面吓得魂不附体，当场表示愿意永世臣服于东汉。

班超收复了鄯善国之后继续前往别的国家，西域诸国闻听了班超的勇猛，想象到东汉的实力，纷纷向班超表示臣服。最终班超成功地收复了西域五十多个国家。

有胆识不仅要敢为天下先，敢于成为第一个吃螃蟹的人，而且要处事果敢，雷厉风行。尤其是在面对困境，需要做出艰难抉择的时候，有胆识者不会因循守旧、畏首畏尾，而是能果断地做出决策、勇往直前。

那些敢于冒险、不怕风险的人，往往都拥有敏锐的眼光。他们善于在风险中抓住机遇，也同样不会忽略机遇中的风险,从而带领企业奔向美好的未来。

正如一位作家所说:"胆识就是需要力排众议的时候,就不会瞻前顾后;胆识就是发现百年难得一遇的机会的时候,就不会犹豫不决;胆识就是对已经不能再用的人,就不会一再容忍;胆识就是果断处置的当下,就不会畏首畏尾。"

作为领导者,如果处事犹犹豫豫、畏缩不前,就会错失良机。反之,如果像雄鹰一样有胆有识、果敢行事,就可以使企业重获新生,赢得未来。

强大的内心与意志力

一个有胆识的人,总是表现出敢打敢拼的精神,而这种精神在很大程度上源于其内心深处那股顽强的意志力。在长时间面对生活、工作的挑战、磨难和历练中,有些人逐渐培养起了顽强的意志和可贵的品质,让自己以及所带领的团队不管遇到什么情况,都能持续地坚持到底,直至走向成功。

美国第30任总统约翰·卡尔文·柯立芝在其晚年的

人生回忆录中写下了这样一段话:"世界上没有一样东西可以取代顽强和坚忍。才能不可以——怀才不遇者比比皆是,一事无成的天才也到处可见;教育也不可以——世界上充斥着学而无用、学非所用的人;只有顽强和坚忍,才能无往而不胜。"

身为团队的带头人,为带领团队更好地工作和生存,就要努力培养自己顽强的意志力,做好下属的"领头羊"。

然而我们却常常发现,在工作中很多人会感觉力不从心,明明已经定好了的任务却受到这样或那样的因素干扰,从而导致无法按计划完成,究其原因就是信念不足、意志力不够。用老百姓的话来讲,就是做事缺乏定力和韧劲儿。

意志力和毅力不是一种抽象的力量,它通过管理者的行为体现出来,是蕴藏于管理者的内心而直接体现在行动中的超人的品格。它具体体现在顽强性、果断性、忍耐性三个方面。

一个管理者的意志是否顽强,表现在遇到困难和挫折时,是否能够迎难而上。意志顽强者,往往越是困难、挫折越多,其斗志越旺盛、干劲越足,有一种不达目的誓不罢休的决心、勇气和闯劲。

丘吉尔是英国著名的政治家，他受命于危难，在第二次世界大战期间领导英国人民取得了抗击德国法西斯战争的胜利。

在丘吉尔的一生中都抱着同一个信念，那就是：英雄创造了历史，而自己正是创造历史的英雄。他认为，自己命中注定要发挥杰出人物的作用。事实果然如丘吉尔所坚信的那样，他最终成为了英国历史上叱咤风云的人物。因为他的存在，不仅英国摆脱了战争的阴霾，甚至世界时局也有所改变。丘吉尔以其远见卓识、深刻的分析判断力、坚韧不拔的意志、决胜千里的政治魄力和雄辩的演说能力，在世界政治舞台上绽放出了永不磨灭的光芒。

艾森豪威尔十分佩服丘吉尔的雄才大略，他满怀敬意地赞道："通过战时与他交往，我发现，对他来说，整个地球就像是一位智者的操练场地，这位智者可以力图解决海陆空部队部署这样的紧迫问题，而几乎在同一瞬间，又能探索到遥远的未来，仔细考虑参战国在今后和平时期的作用，为他的听众设计世界的命运。"

我们会发现，在工作中，常会出现管理者与被管理者的意志进行较量的局面。这种较量，有些是明朗化的，但更多的是具有隐藏性的，不易被发现。如果一个领导者的意志力不足，在较量中败下阵来，那么即便他大权在握，却未必可以得到他想要的结果。而最有可能的结果就是：领导者，且导致巨大的威信扫地，负面影响；反之，如果管理者的意志力足够坚忍，他就可以树立自己的正面形象，展现自己的正能量，让下属心服口服。

程彬是公司的业务主管，在公司素有"铁面主管"之称，但凡是他下达的指令和任务，很少有半途更改的情况。

程彬曾讲过这样一件事情："4月中旬，鉴于公司前段时间出现的一些问题，我对销售策略做了较大调整。负责执行的几个员工对此非常不满意，他们来到我的办公室，提出了修改建议。我的意见非常明确：策略绝对不能改！他们非常不服气，我就耐心地讲明了此次调整的原因：第一，从年初开始，我就在筹划新的销售方案，考虑的调整方案是成熟而周全的。第二，公司前段时间的状况混乱不堪，严重影响公司的整体发展，从大局考虑，这次调整是必须的，也是必要的。第三，调整方案的出台，是经过了系统性考虑，做了整体协调安排，平衡与灵活性是兼顾了的，没有死胡同。可是有一个员工还是有些不满，他说现在员工们对这个调整方案的争议很大,如果继续下去,恐怕会引起更大的问题。我告诉他,对于争议,我早就有心理准备,在竞争如此激烈的竞争环境中,但凡涉及利益,甚至可以六亲不认,此次割肉放血的调整方案,即便个别员工有过激行为,也是正常情况。对于争议的解决,我早有预案。在我的强烈坚持下,调整方案得以顺利实施,结果证明我的坚持是对的,这次的策略调整让公司的整体业绩上升了40%。"

程彬表示,从某个角度来说,主管与下属之间并不是简单的管与被管的关系,他们之间彼此也会进行意志力的较量,不是你决定他,就是他战胜你。身为领导者,一定要掌握主动权,让自己稳如泰山。

意志力强的领导者,除了要在工作、生活中有坚忍的精神外,也要让自己养成坚韧不拔的性格。这样,无论在什么环境中,都可以坦然面对,从容应对;否则,就可能因为意志力不够坚强而功亏一篑。

敢于冒险,敢于尝试

领头人勇于冒险和敢于尝试的精神对一个企业发展的影响是巨大的。对很多企业来说,在从弱小走向强大的过程中,都难免会遇到各种各样的巨大的阻力和难以想象的困难。在生死存亡的关头,一步跨出去,可能会让公司掉进陷阱或者深谷里;但如果摆脱了困境,就能带领企业踏上一条康庄大道,实现发展的机会。面对风险,是停步,还是前进,一定要勇敢地做出选择。

当然,冒险时就必然要担当风险,所以在做决策时必须周密、科学地评估种种可能的后果,争取让风险在可控范围内。

著名的苹果公司就是其创业者冒着巨大的风险获得成功的一个典型例子。

20世纪70年代,计算机开始在西方国家出现,但那时的计算机远不像我们现在所见到的这么小,而是有着庞大体积和复杂结构、需要拥有专业知识才能操作的一个大物件。对于这种"稀有动物",更不是人人都可以有拥有的,当时它的使用只限于政府部门、科研机构和大型公司。即使发展到后来的阿尔塔微型计算机,也只是供人们娱乐使用。

随着科技日益的发展,计算机开始由大变小,直到1976年,"苹果"微型计算机面世,顿时掀起了一场震惊世界的革命。设计和制造这款"苹果"微型计算机的人分别是乔布斯和沃兹尼亚克,他们被人们称为"永远改变了人们工作习惯的人"。

说起设计和制造计算机的历史,可以追溯到乔布斯和沃兹尼亚克的童年时代。

乔布斯和沃兹尼亚克二人都是在美国的硅谷长大的居民,他们从小就对电子计算机有着巨大的热情。两个人都爱钻研一些电子设备,长大后依然热情不减。到1974年,阿尔塔微型计算机上市时,他们就琢磨着是不是可以将计算机"升级"一下。在想方设法弄到了一些零部件后,他们就在乔布斯家的一间破旧车库里开始制造由沃兹尼亚克设计的微型计算机。

经过反复努力,他们让车库里那件"新产品"具有了多种功能,比"阿尔塔"优越得多。于是,他们想借此赚取一些钱财，乔布斯就把他们组装的、尚缺外壳的计算机带到附近一家计算机批发商店，店主看后，喜出望外，感到此产品大有前途。这位英明的店主一下子就订了50台。拿下这么大的订单，乔布斯激动极了，他告诉自己，该是干一番事业的时候了！

紧接着，乔布斯和沃兹尼亚克合办了一家公司。他们设计出来的计算机新品，犹如呱呱坠地的婴儿，虽然其貌不扬，尚无法吸引那些根深叶茂、家业大的大资本家来投资，但却引起了风险投资者的高度重视。当时38岁的百万富翁马库看了这款产品之后，认为冒险挣大钱的机会来了。于是马库决心帮助这两个大胆的新手。他投资9.1万美元，还给他们借来60万美元，并推荐了一位富有经营管理经验的能人——33岁的迈克·斯各特出任总经理。

公司成立不久，他们又开发研制了新商品苹果Ⅱ型微型计算机，并投放市场。苹果Ⅱ型微型计算机无论从操作上，还是功能及外观上，都有了更大的提高，受到更大范围的认可。借此，苹果公司在其创办者的带领下一日千里、势如破竹，步入了傲视群雄的辉煌时代。

乔布斯和沃兹尼亚克的成功,得益于他们异于常人的胆量和气魄。风险与收益并存,只有大胆尝试、敢于冒险,才能收获成功的果实,同时也成就不一样的自己。

第4章
担当：勇于负责，敢于承担

遇事就缩头，出了问题不是逃避就是将责任推给别人，是为将帅者的大忌。一名真正受下属欣赏和爱戴的领导，必都是敢于担当之人。

勇于认错，重获信任

"大事难事看担当，逆境顺境看襟度"。坐上领导的位置，就意味着一种责任，就要培养自己敢于担当、临危不惧的品质，在危难时刻、突发事件中、破解难题时担负起责任，展示自己的胆略和魄力。

韩国三星集团在20世纪90年代因投资战略方向错误，渐渐进入了困局。当时，韩国国内的汽车产业已经生产过剩，而三星集团的总裁李健熙却依然在汽车产业上进行了高额的投资。

不出外界所料，三星汽车公司很快债台高筑，无奈之下，公司被迫贱卖出售给雷诺汽车公司。因为李健熙的错误决策，使三星集团遭受了巨大损失，他也因此被投资者批评为是一个"失败的领导者"。

在巨大的舆论压力面前，李健熙没有选择逃避，更没有为自己辩解，而是勇敢地承担起了责任。为了弥补这一损失，李健熙一次性捐出20亿韩元的个人财产。他的这一举动，让投资者们惊诧之余纷纷竖起了大拇指，连那些等待裁员消息的员工们也深受感动。他的行为，稳定了投资者的信心，赢得了外界一致的认可和赞赏。《财富》杂志因此称赞他是"为错误的投资决策承担责任的CEO"。

可以看出，李健熙这敢于担当的行为，不仅没有使他丢面子，反而赢得了投资者及下属的信任与拥护。

作为领导，有担当的一个重要表现是：赢得起，也输得起。即取得了成绩不自满，不张扬；出了问题，不逃避，不推卸；有了失误，敢于承认，勇于承担。

小松在一家机械厂任生产科科长，他一向个性温和、工作勤奋,和同事们相处得也十分融洽。

有一次,由于厂里无法尽快补足客户所要的货物,导致本月产量和销量均不能达到预期的目标。为此,厂长非常生气,在主持生产科会议时,宣布要扣除所有生产科科员当月的奖金。

散会后,小松并没有向厂长解释此次生产延误的原因,而是诚恳地对厂长说:"这一切都不关生产科其他同事的事,是我自己指挥不当造成的,责任应该由我独自来承担,请扣我个人当月工资和全年奖金作为处罚。"厂长见小松这样说,就同意了他的要求。

本来因为扣奖金一事心情不爽的生产科员工们得知这一消息,表现出来的不仅仅是高兴,更多的是对科长的感激之情。为此,他们主动加班,决心下个月超额完成生产目标。在所有生产科员工的共同努力之下,第二个月的产量果然超过了预定目标。这一次,厂长非常高兴,立即宣布加发奖金给生产部门。而作为科长的小松却表示,奖金都应该分给员工,自己分文不取,他对员工说:"这些奖金是大家的辛劳所得,是属于大家的。"

故事中的小松推功揽过,不但赢得了生产科同事的拥护和赞赏，同时也为工厂创造了佳绩。

作为一个领头人，同时也作为团队中的一员，当工作中出现了纰漏或者犯了错误时，就该像小松一样坦然承认，勇敢地挑起责任的担子，而不应该装出一副若无其事的样子，更不能以各种借口逃避责任、推卸责任。

有句话很有道理："承认错误是一个人最大的力量源泉。"换言之，正视错误，我们就会得到错误以外的东西，前面的例子就是一个很好的证明。

主动揽过，赢得部属的心

职场上谁都可能犯错，此时，上级如果能站出来，主动分担责任，其下属必定会心怀感激，在以后的工作中会以更出色的表现回报领导。

汉代永平年间，有一年一群匈奴人来投降汉朝，汉明帝甚为欢喜，就给尚书仆射钟离意下达命令，让他准备一些绢绸赏给来降投的匈奴人。钟离意奉命照办，将赏赐绢绸的数量拟定好之后，交给手下一个很得力的郎官去办理。

可是，那个郎官心里却开了小差，他想："既然人家有意降服于大汉，那我们应该多赏赐一点，那样方能显示我们大汉天子的仁爱之心。"想到这儿，郎官就擅自作主，多给了匈奴人一些绢绸。

这件事传到了明帝耳朵里，明帝非但没有夸赞这个郎官，反而大发雷霆，下令要对那个自作主张的郎官用酷刑。此时，钟离意想到，自己是这件事的负责人，该承担责任的应该是自己，于是他匆匆觐见明帝，叩头请罪说："人人都难免犯错。这件事本该由我负责，郎官的任务是我委派的，现在出了问题，论罪过也该由我一人承担。郎官做事我一向信得过，他尽职尽责，对国家更是忠心不二，这次犯错也是出于一片好心，想让匈奴感受到大汉天子对他们的仁爱之心。虽然有不当之处，还请陛下从轻发落。请陛下明断！"说完，钟离意就脱下了衣服准备接受惩罚。

见此情景，明帝深为叹服：钟离意这般勇敢，对自己手下人爱护有加，实乃好头领啊！想到此，明帝心中怨气消了大半。不仅宽恕了钟离意，也饶恕了那位郎官。那位擅作主张的郎官在受到钟离意此次的袒护后，从此做事加倍小心，再没出过纰漏。

领导能够主动揽过,有助于同下属之间形成相互信任、相互关心、相互谅解、相互支持、配合默契的心理环境,从而给下属以信心、鼓励和宽慰,使其放下思想包袱,敢于放开手脚开展工作,与自己进退一致,为组织的发展建设搭建良好的氛围。

一家经济效益不好的工厂,接到了一个大订单。但客户把交货日期限定得非常严格,如果不能按时交货,工厂就要付出巨额违约金。

工厂生产科科长认为,按照目前的生产进度,基本不太可能在限定日期前完成生产要求。这时厂长找到她,询问解决办法。科长非常诚恳地汇报说:"生产情况不好,按现在的进度难以完成任务,但这个完全是我的责任,我领导不力,如不能按时完成,请您不要责罚员工,我承担一切的责任。"

最终厂里决定如不能按时完成,只处罚科长一人,扣发她全年的奖金。

实际上,这个科长平时为人和蔼谦虚,与下属的关系也非常融洽,当工人们知道这件事后,对科长非常感激,纷纷表示要付出更大的努力按时完成订单,以此表达对科长的信任和支持。

此后，全体工人每天早出晚归，放弃所有节假日，夜以继日的加班加点，最终，在大家的共同努力下，工厂不仅按时交付了订单，收到了货款，还因为货物交付及时，客户又给了工厂一批订单。濒临倒闭的工厂复苏了。

古语说:"责人重而责己轻，弗与同谋共事；功归人而过归己，尽堪救患扶灾。"在错综复杂的工作中，谁也不能保证永远不会发生失误。领导以身作则，做好表率；对工作推功揽过，勇于负责；对下属失误容忍宽待，自然会赢得大家的信任、拥护与支持。

第5章
沉稳：胸有惊雷，面似平湖

"胸有惊雷而面如平湖"，这是我国古语中对成大事者所作的概括。作为一军之主，决不能心浮气躁，情绪起伏，否则，不光自己容易乱了阵脚，下属们也会跟着六神无主。所以，一个成功的将才，必须具有处变不惊的沉稳心态。

情绪控制是领导力的首要表现

马云曾说：要想取得竞争的胜利，就要设法先让对手的情绪变坏。对手的情绪坏了，你的机会就来了。一个优秀的领导者，一定是优秀的情绪管理高手，即使内心怒气冲冲，外表也应保持平心静气。

日本"推销大王"原一平刚进入保险公司做保险推销员时，公司派他去一家大型汽车公司推销企业保险业务。

此前，原一平就听说了那家公司一直以不参加企业保险为原则，不管是哪家保险公司，也无论是哪个保险推销员，都无法说服公司总务部部长。

即使如此，原一平还是打算试一试，而且他横下一条心：不管遇到多大困难，自己都要想办法把客户"拿下"。接下来自然是拜访这位"刀枪不入"的总务部部长，一连两个月，原一平始终没有间断过。功夫不负有心人，终于，总务部部长被原一平的这种艳而不俗的精神打动了，决定见他一面，但部长提出要求，得看一下原一平的销售方案。原一平欣然同意，让他没想到的是，这位部长只看了一半，就对原一平说："这种方案，绝对不行！"

虽然感到有点失望，但原一平并没有泄气，回去后对方案进行了一番修改。第二天，他又去拜访总务部部长。可是，这位部长却冷淡地说："不管你的方案制订多少份，修改多少回，结果都不会有任何改变，因为我们公司有不参加保险的原则。"

这时，原一平只觉得胸口的气向上冲——昨天说方案不行，自己熬夜重新制订了方案，可现在又说拿多少文案来都没用，这不是在戏弄人吗？不过，原一平还是努力克制着自己，不让部长察觉到自己的情绪变化。他转而一想，自己的目的是推销保险业务，对方对此应该是有所需求的，自己的保险对其有百利而无一害，这单生意完全有可能成交。这样想着，原一平冷静了下来，跟部长说了声"再见"就告辞了。此后，原一平依然坚持游说这位部长，一天又一天，一次又一次——终于，凭着超强的忍耐力，这家汽车公司成了原一平的客户。

情绪的自我控制，其实是潜藏在每个人内心深处的一种与生俱来的能力，它能过滤掉外界消极的信息。人一旦失去这种自我控制能力，就会被洪水猛兽一般的消极情绪给淹没。古今中外，成大事者无不具有强有力的自制力。古语云："天将降大任于斯人也，必先苦其心智，劳其筋骨。"不管是苦心智，还是劳筋骨，都需要自制力来助一臂之力。

历史上有名的韩信，年少时家境窘迫，一门心思研习兵法，饿得连饭都吃不饱。迫不得已，他只好背起家传宝剑，沿街乞讨。

有一天，一个屠夫看见韩信的穷酸样，便当众冷嘲热讽道："你长得虽然人高马大，又喜欢佩刀携剑，但不过是个懦夫罢了。你若是够胆，就举起剑捅死我；你若是没胆，就从我裤裆下钻过去。"说罢，张开双腿，拉开架势。

韩信内心可谓翻江倒海，无比愤怒想杀了他，以解心头之恨，可自己也要赔上性命；不杀他，胯下之辱实在令人难以接受。纠结再三，又想到自己的远大抱负，韩信终于一声不吭地低头从屠夫的胯下钻了过去。

此情此景，换作一般人，情绪或已爆发，不是你死就是我亡。但韩信硬是忍了下来，把耻辱的情绪转化为勤修苦学的动力。这是韩信成为一代战神的性格基因，因此才有了后来楚汉战争中"置之死地而后生"的惊天创举。

古人说："忍人之所不能忍，方能为人所不能为。"自我控制能力越强，就越可能成就大事。历史上像韩信之人比比皆是，他们有鸿鹄之志而不屑与燕雀较真，宁愿受辱，避免麻烦，也不为争一时长短而罔顾自己的远大前程。用隐忍代替怨气，以理性克制冲动。

所以，在工作中，作为一个领导者，千万不要让坏情绪左右自己，它会让你失去理性、失去控制，从而说出不该说的话、做出让自己悔恨不已的事，将自己和团队置身于被动甚至危险的境地。

临危不乱，从容应对

企业在发展过程中，不可能一帆风顺，总会遇到各种各样的困难甚至危机。当危机来临时，下属可以慌了手脚，但领导者却不能乱了分寸。所以真正的将帅，一定要有临危不乱、从容应变的魄力，这不仅是一种心理定力，更是一种领导能力。

"空城计"妇孺皆知。马谡失街亭，司马懿率军乘胜追击，直逼西城。此时的诸葛亮前无敌之兵，后缺退却之路，但是他却摆出了一副镇定自若的神态，大开城门，自己坐在楼上悠闲地弹琴。他的这一意外举动，迷惑了敌人使司马懿以为诸葛亮早已准备就绪，于是下令赶紧撤退。在大敌当前、寡不敌众之时，诸葛亮所表现出来的超凡心理素质，着实让人叹为观止。

还有一个故事，同样展现了为将帅者临危不乱的气魄。

楚汉争霸之时，项羽和刘邦对峙于广武，项羽吩咐埋伏的弓弩手向刘邦放冷箭，一支利箭正中刘邦胸口。刘邦险些从马上摔下来，左右将领大惊失色。就在中箭的那一刻，刘邦眉头一皱，心想："要是部下知道我伤势严重，必然会乱了方寸。万一项羽趁火打劫，后果就不堪设想了。"于是，他忍痛弯下腰来，摸着脚，大声骂道："你的技术不行，只射中了我的脚趾头！"将领们见刘邦只是受了一点儿轻伤，都松了一口气。项羽见没伤着刘邦，也不敢令兵士进攻，双方收兵回营。

回到军营后，刘邦包扎了伤口，又穿上了厚重的盔甲掩饰，强撑着到各营寨巡视了一番。这样一来，将士们都深信刘邦伤势不重，所以没有发生混乱，军心也随之稳定下来。

消息传到了项羽那边，项羽只好放弃了乘胜攻打汉城的计划。刘邦则赢得了养伤的时间，也因此有了日后再择机较量的机会。

刘邦带兵作战能力不如诸将，但能成为众将之帅，自有其过人之处。这过人之处就是超强的心理素质和忍耐力。

这是他最终战胜项羽的重要原因之一。

战场如此，经营企业也一样。领导者临危不乱，将事态的影响控制在最小的范围内，让团队成员或其他人相信事态正朝着好的方向发展。这样一来，人心就会稳定，团队成员们也就能继续保持高昂的斗志。

第 6 章
果敢：机不可失，当断不乱

很多时候，时机转瞬即逝，稍有疏忽就失去了宝贵的机会，特别是在当下科学技术日新月异的时代，一个"风口"到来，作为领导者，感知到了机会却犹豫不决，等把一切都看明白、想好了，"风口"早已被竞争者抢占，再无你的位置。

成功属于果敢的决策

现代社会是一个信息社会，信息传播的速度空前高速。信息的快速传递极大地缩短了时空距离，把世界各地的市场信息紧紧地联系在一起。信息就是机会，信息就是财富。但是，高速传播的信息所提供的机会稍纵即逝，谁能快速抓取，谁就能把握市场大势，谁就能抢得先机，也就能成为时代的佼佼者。在机会面前果敢决策，才能称得上是一个优秀的领军人物。

20世纪80年代，时任光大实业公司董事长的王光英看到了一份工作人员为他准备的报告。他从报告中得知，智利一家倒闭的铜矿由于急于还债，需要处理一批二手矿车，总数有1500辆。这批矿车都是倒闭前不久矿主为加快工程进度采购的，几乎没怎么使用过。

王光英心中暗喜，认为机会来了。他火速派人与智利的矿主取得了联系，表达了愿意购买二手矿车的意愿。与此同时，光大实业公司火速成立了一个由负责购车的专家与工作人员组成的派遣组。临行前，王光英告诉派遣组成员，要有勇气，要相信自己的判断力，不要事事请示，只要你们认为车好价格好，就果断拍板成交。

派遣组人员到达目的地后，马上开始了与矿主的谈判。矿主由于还债心切，最后双方很快以原价八折的价格成交了。协议刚达成，一位美国商人就来到了铜矿。可惜迟了一步，只能遗憾不已。

王光英的这次果敢决策、大胆授权，为国家净省了2000多万美元。试想，若他面对该信息犹豫不决，瞻前顾后，让派遣组事事请示汇报，那这批车肯定就被别人捷足先登。

有"华尔街神经中枢"之称的摩根能成为美国19世纪70年代至20世纪叱咤风云的大金融家,成为国际金融界"领导中的领导者",全赖于其年轻时的两次冒险投资打下的坚实基础。

从德国哥廷根大学毕业后,摩根进入了邓肯商行工作。一次,他去采购海鲜途经新奥尔良码头时,遇到一位陌生人。那位陌生人看摩根像是做生意的,便自我介绍说:"我是一个巴西货船船长,为一位美国商人运来一船咖啡,可是货到了,那个美国商人却已破产了。这船咖啡只好在此抛锚。您如果能买下这船咖啡,就等于帮了我一个大忙,我情愿半价出售。但有一条,必须现金交易。"

摩根看了咖啡,成色很好,马上毫不犹豫地决定以邓肯商行的名义买下这船咖啡。然后,他兴致勃勃地给邓肯发去电报,可邓肯的回电是:"不准擅用公司名义!立即撤销交易!"摩根无奈之下,只好求助于父亲。父亲回电,同意他用自己公司的户头,偿还挪用邓肯商行的款项。摩根大为振奋,索性放手大干一番,他又买下了其他船上的咖啡。

摩根初出茅庐,做下如此一桩大买卖,不能说不是冒险之举。可是机会总会给有准备的人以惊喜，就在他买下这批咖啡不久，巴西便出现了严寒天气，咖啡豆大面积减产，咖啡豆价格暴涨，摩根也因此狠狠地赚了一大笔。

美国南北战争开始后的一天，摩根与他的朋友闲聊。那位朋友说："我父亲最近在华盛顿打听到，北军伤亡十分惨重，政府军战败，黄金价格肯定会暴涨。"摩根估算了这笔生意的风险程度，商定了一个秘密收购黄金的计划。等到他们收购了足量的黄金时，社会舆论四起，美国掀起了抢购黄金风潮，金价飞涨。

摩根瞅准火候已到，迅速抛售了手中所有的黄金。这次黄金交易使他一下子获益多多，积累了日后纵横投资市场的巨大财富。

综观古今中外成功者的成长历程，无不都是看到机会后果敢决策、大胆出手才取得成功的。大部分成功者的过人之处，就在于面对机会时能迅速决策、果敢行动。当然，机会都有两面性，机会越大意味着风险也越大。在机会来临之时，该不该去冒险一搏，全在于对形势的充分估计和正确分析。

抓住时机，一蹴而就

常有人抱怨命运不公，因为他看到自己周围有的人成功了，而自己却还在原地驻足不前。其实，任何人的命运都不是从一开始就注定的，只是在之后漫长的时日里，人们对待它的方式不同而导致了不同的结果。成功和失败都揭示了一条亘古不变的法则，即命运是由自己创造的。对这句话，我们可以理解为，在同样的事情和机遇面前，有的人善于把握，从而成就了大事；而有的人优柔寡断，也就丧失了成事的机遇。

一个懒人眯着眼睛，正享受着日光浴。远处走来一个怪物，浑身散发着七彩光芒。

怪物看到懒人，问："你在做什么？"

懒人答："我在这儿等待时机。"

"你知道时机长什么样子？"怪物问。

"不知道，我听说时机是个神奇无比的东西，只要它来到你身边，你就可以交好运。"

"可是你连时机长什么样都不知道,怎么等它呢?你不妨跟我走,我带着你去做几件比这个有意义的事情。"怪物说。

"我才不跟你去,我要继续等待时机的到来。"懒人不耐烦地撵那怪物。

怪物摇摇头,叹息着离开了。

一会儿,一位银发苍苍的老者来到懒汉面前,问道:"你怎么不抓住那个怪物呢?"

懒汉不屑一顾地回道:"我抓它干吗,它是什么东西?"

"它就是时机呀!"老汉说。

懒人后悔不迭,急忙站起身呼喊时机。

"别喊了,喊也没用。"老人说,"我来告诉你时机的秘密吧。它是个无法捉摸的家伙,当你专心等待它到来时,它可能迟迟不来;倘若你不留心时,它可能一下子来到你面前;见不到它的时候,你会时时刻刻想着它;见到它的时候,你又无法认出它。如果在它经过时,你没有将它抓住,那么它将永远不会回头,你也就永远错过了。"

懒人一听,懊丧地说:"这可怎么办,我这一辈子不就失去时机了吗?"

"也不见得。"老人继续说,"我再来告诉你一个关于时机的秘密。实际上，属于你的时机不止这一个。"

"不止一个？"懒人惊奇地问。

"是的。这个时机失去了，还会有下一个。不过，这个时机就需要靠你自己创造了。"

"可是我自己不会创造时机呀！"懒人为难地说。

"我再教你一次。先站起来，不要等待，放开脚步朝前走，遇到你能做的有意义的事，就马上去做。时机就是这么被创造出来的。"

懒人听完老者的话，似有所悟。

这个寓言告诉我们，机会来了你没抓住，它就永远远离了。但还有另一种可能，那就是靠自己的行动找到机会、创造机会。

在这方面，微软的创立者比尔·盖茨是当之无愧的把握时机的高手。

在哈佛大学刚读完大一的那个暑假，盖茨来到了哈尼维尔公司工作。此间，盖茨和他的好朋友艾伦就注意到计算机市场正在发生一场显著的变化。

这两个聪明的年轻人发现，计算机正在朝微型化、个人化发展，应该过不了多久，计算机就会有进入千家万户的，成为大众可以操作的一种常用机器。

不久后，他们在杂志上看到一张照片——MITS（新墨西哥州的一家公司，创始人是艾德·罗伯茨）生产的世界上第一台微型计算机。

两人看到这个消息，非常激动，意识到这必将是计算机界的一次革命，它将改变未来世界。而他俩的机会，就是开发一款适合这台微型计算机的软件。

于是，这两个对计算机充满狂热兴趣的年轻人，在哈佛大学的计算机中心，使用那里的设备，废寝忘食地干了两个月的时间，终于开发出一种简单的编程语言——BASIC的最初版本。

之后，盖茨和艾伦共同创立了后来闻名世界的软件公司——微软，这是他们计划已久的事业。不久，他们便与MITS公司签署了协议，协议内容写道：允许MITS在全球范围内使用和转让BASIC语言及源代码，包括第三方。

这无疑给他俩的公司装上了腾飞的翅膀。此后，在盖茨的带领下，微软公司向着一个又一个目标开进，直至成为纵横世界的软件巨头，也一举奠定了盖茨"世界首富"的地位。

国外有句名言:"最难的是自知,知道自己能做什么,不能做什么;谁要是有这样的自知之明,就绝对不会陷入困境。"所以,对自我的认知,对形势的判断,对时机的把握,可以改变一个人的命运,也可以成就一番了不起的事业。

第 7 章
器量：贤而能下，刚而能忍

宽容是容人之过、容人之短的一种胸襟。常言道，"人非圣贤，孰能无过"，对他人的过失与冒犯的处理方法，足以体现一个领导者的境界层次。领导者胸纳百川，身边才会有极具战斗力和凝聚力的团队，同你一同披荆斩棘，渡过艰险，最终奔向成功。

为将帅者可贵的是大气

宽容的领导会带给人以温暖和亲和的感觉，人们乐意与他相处、内心不会抵触；相反，那些太过苛责的领导，会带给人沉重的压力感，整个团队氛围也会压抑紧张。

火热的太阳和呼呼的北风打赌，看谁能先让行人把身上的大衣脱去。于是，太阳加大自己的照射强度，很轻易地就让行人脱掉了大衣；而北风却只是使劲儿地吹，试图让行人脱掉大衣，可是行人反而把衣服裹得更紧了。

从上述的《伊索寓言》中的故事可知，一个好的领导就像太阳，照得人心暖洋洋。这种非权力的影响力，虽然无形，但影响作用却很明显，因为部属是从内心里面愿意跟随、听从他的。

春秋时期，齐桓公是五霸之首，成就他霸业的背后，管仲起着不可替代的作用。虽然说在齐桓公没有继承王位之前，他们两个还是敌人。

当时齐襄公昏庸，齐国内部混乱，政治和经济深陷泥潭。后来齐襄公被人杀害了，逃到各国保命的公子们都赶着回来继承王位，其中公子小白和公子纠在得到消息之后，都想着在第一时间赶回去继承王位。

公子纠的师傅管仲在路上一箭射中了公子小白，公子小白装死，让管仲以为高枕无忧了，公子纠和管仲从容不迫向着齐国进发。等他们赶到齐国首都临淄时，想不到小白已经赶在他们前面登基了。

小白继位后即为齐恒公，他对于管仲射的那一箭并没有追究，而是很大度地原谅了他。后来在鲍叔牙的推荐下齐恒公任用管仲为相，管仲因此亦对齐桓公的宽宏大量感激不已。

此后，管仲一心一意、尽心尽力地辅佐齐桓公，在国内进行了大刀阔斧的改革，使齐国的国力实现了质的飞跃，终于成就齐恒公的霸业。齐桓公和管仲间的故事也成为历史美谈。

宽容、开明如齐恒公，自然会得到各种能人贤士的拥护和帮助。现实生活中，在一起为事业打拼的同事或者部属中，难免会发生磕磕绊绊和各种矛盾纠纷，如果同事间因此产生嫌隙，势必会影响彼此间的合作，甚至影响整个团队的氛围，给整个团队的事业带来致命伤害。

唐代有两员名将，一个叫郭子仪，一个叫李光弼。这二人共同效力于一位节度使，但二人长期不和，势如水火不相容。

后来这位节度使外调，郭子仪被提升为节度使。这下，李光弼紧张了，他担心郭子仪公报私仇，走也不是，留也不是，左右为难。随后，安史之乱爆发，郭子仪受命领兵讨伐叛军。

李光弼想自己身为大将，此时正是为国效力之时，应该把个人恩怨放下。于是，他找到郭子仪说："我们虽共事一君，但形同仇敌，如今你大权在握，我是死是活随你处置，但恳请随你共同出征讨伐。"

没想到郭子仪的表现出乎所有人意料，他展示出令人敬佩的大将风度，握着李光弼的手，说："国难当头，作为臣子，我们怎能以私人恩怨为重，而置国家安危存亡于不顾呢？"

李光弼深受感动，放下了心理包袱。在接下来的战斗中，李光弼积极出谋划策，协助郭子仪打败了叛军。

后来，两人同居将相之职，但彼此间再没有半点猜疑忌妒之心。

"以怨恨回报怨恨，怨恨就没有尽头；以德行回报怨恨，怨恨就顿时消失。"这是人际关系的准则，也是领导者处理各种关系的法宝。

惠普大中华区前总裁曾说过这样一句话："好领导要有宽广的心胸，如果一个领导每天都发脾气，那几乎可以肯定他不是个心胸宽广的人,能发脾气的时候却不发脾气,多半是非常厉害的领导。"

《尚书》中说:一个人有包容的雅量,他的德行就是伟大的。身为领导者,只有做到容人之所不能容,忍人之所不能忍,恕人之所不能恕,忘人之所不能忘,才能管人之所不能管,成人之所不能成。

给"面子"其实就是给尊重

日常工作和生活中,我们常常会听到"给我一个面子""看在我的面子上"这类话,有些人认为这是一种浅薄的虚荣要求,其实从心理学角度看,这是"要尊重"的心理需求,如果得到满足,会使对方心满意足;如果得不到满足,甚至失去"面子",则很可能导致不良后果。

有个成语叫"染指于鼎",讲的是春秋时期郑灵公因为一个玩笑惹来杀身之祸的故事。

郑灵公即位不久后,楚国向郑灵公进献一只鼋。郑灵公非常高兴,便令厨子烹煮作羹。正巧公子宋来到殿前,因食指大动,便悄声对大家说:"我每次食指动都能尝到珍馐美味,看来今天君王有美味要分与大家。"

及至入殿见厨师正解割大鼋,便相视而笑。郑灵公很奇怪,便问缘由,众臣据实相告。郑灵公听后不悦,暗想:我不赐予你,无论你食指怎么动,也是没用。

鼋羹煮好后,郑灵公招来众大臣,赐予他们品尝美味,唯独没给公子宋。公子宋大怒,不顾一切地将食指伸入鼎中蘸食鼋羹后拂袖而去。郑灵公见状暴跳如雷,声称非杀掉公子宋不可。

公子宋回家后也怒气难消,又听说郑灵公要杀他,便谋划抢先一步杀了郑灵公,报了"丢面子"之恨。

郑灵公死于非命。作为君王,他无法容忍臣子挑战自己的权威,其心胸之狭隘可见一斑;而公子宋无法隐忍君王之羞辱,做出弑君之举,其性情之冲动、内心之敏感脆弱亦昭然若揭。

本来是一件小事,就因为彼此的"面子"问题,造成双方个人悲剧,改写了历史,这个"面子"的后果实在是太严重了。

与之相反的是另一个故事,即著名的"绝缨宴"。

楚庄王是春秋时期的霸主之一。有一次,楚庄王庆功、大宴群臣,酒喝到尽兴的时候,楚庄王让自己的宠妾出来给臣子倒酒。

正当灯烛暗淡无光的时候,突然刮来一阵风,大殿里顿时昏暗下来。此时,有大臣借着酒劲,偷偷调戏倒酒的美人,甚至还拉扯她的衣服。美人反抗,推搡之间一把扯掉了那位大臣的帽缨,并请大王命令侍从点亮灯烛,以抓住那个胆大妄为的人。

大殿上气氛紧张。出乎众人意料的是,楚庄王却哈哈大笑起来,说:"先不要点烛,我有话说。今天宴请的都是我楚国的有功之臣,酒后失态乃人之常情,现在请大家一起都去掉帽缨来,我们继续尽兴喝酒!"

众人听后,都齐刷刷地扯掉自己的帽缨,尔后点亮蜡烛,宴席继续进行。大臣们深感楚庄王的爱才之心,对他的宽容大度敬佩不已。

后来,在楚国攻打郑国的战争中,有一个将领表现得非常勇猛、战功卓著,令众人啧啧称奇。楚庄王喊那将领近前,问其官职和出身。

那将领恭敬回话:"大王,我就是之前宴会上调戏美人的人,为了感谢主君的宽容,我必须以拼死报答主君的恩情啊。"

众臣均大呼楚庄王是贤君。

做领导的懂得给犯错误的下属留面子,换回的可能是下属的拼死相报。相反,如果下属有过失,你控制不了自己的脾气,不分场合地发泄情绪,对下属动则怒喝甚至破口大骂,则会令下属自尊心受挫,甚至对你怀恨在心,也就失去了对你的尊重。你建立的是威而不是信,表面上下属可能会屈从,但背地里可能是另一番景象。

当然,这里所说的"留面子"并不是不讲原则地纵容,而是指对有过失的下属点到为止,促其自省,给其改过的机会。

此外,当下属做出成绩时,管理者更要舍得给下属面子。这对下属来说是一种鼓励,能够使其更加努力地工作。

《三国志》记载,赤壁之战胜利,孙权感念当初鲁肃劝自己主战,才有了这辉煌的胜利,所以亲自下马,率领众将士去迎接鲁肃。

孙权开口问鲁肃："子敬啊，我亲自率领将士迎接你，够给你面子了吧？"

而鲁肃却回答，不够。

面对鲁肃如此"摆谱"，众将士都很吃惊。鲁肃却接着说："如果有一天，将军坐上至尊之位，统一九州，那时候再派个小车子来接我，那才叫有面子。"

孙权听后，开怀大笑。

三国赤壁之战后，孙权召集群臣，为大功臣鲁肃举行盛大的欢迎仪式，他亲自下马迎接鲁肃。

孙权问鲁肃："我这样恭敬地对待你，给足你的面子了吧？"

鲁肃回答："不！"众人十分惊愕。

鲁肃正色道："我希望主公统一天下，然后再敬拜我，这才是给我大面子呀！"

孙权听后抚掌大笑："因我给足了你的面子，你这是攒足了劲儿要回馈给我一个君临天下的大面子啊！"

当领导的有心，做属下的领意，这就是最和谐的上下级关系。

下篇

实践提升篇

第8章
将才如何提升责任力

责任心强弱可以体现一个领导者是否称职,具有责任心的领导者可以促进自我进步和提升。一个领导者如果具有强烈的责任心,那就可以在工作中激发出饱满的热情,锻造坚持不懈的精神和毅力,有十足的战斗力和开拓精神。

全力以赴做自己擅长的事

什么样的人能够脱颖而出?是那些把事情做到极致的人。

什么叫极致?就是做到最好,把问题弄懂,把技术学精,成为本行业中的佼佼者。正如西方的一句著名谚语所说:"如果你能够真正制作好一枚针,这应该比制造出粗陋的蒸汽机赚到的钱更多。"不过,这里有一个大前提,那就是你要做自己最擅长的事情。

他出生在一个偏僻的山村。小时候,他曾偷偷溜进父亲的书房,用蘸满墨汁的毛笔在墙上涂鸦。看着自己的画作,他满意极了,但当父亲看到洁白的墙上留下墨迹时,就会气得拿起棍子追着他打。后来,他开始在书本、作业本的空白处画各种人物头像。一个男孩子居然学画画,这在农村人看来是荒唐可笑的,但他不以为然。步入初中后,他不停地阅读各种漫画书,学习名家的画作,后来,他将自己的作品寄给出版社。令人意想不到的是,他的画稿不断地被采用了。这时,他意识到画画是自己的最爱,也是自己的一项本领,他决定要以画画为生。

　　他顺利地在一家漫画出版社找到了工作,为了提高专业水平,他还自修了大学美术系里的所有课程。一天,他在报纸上看见著名的光启社招聘美术设计人才,职位要求必须是大学本科毕业和有两年以上工作经验。只有小学毕业证的他抱着作品前去应聘,他说:"我没有文凭,可是我热爱美术,我实力超强。"结果,他击败了29名大学生,如愿进入光启社。不久,他成立了"远东卡通公司",其制作的卡通《老夫子》创下电影界有史以来的最高票房,并由此获得当年的最佳动画片金马奖。

声名鹊起后，他并没有停下追求的脚步，而是选择了"闭关"。在"闭关"的日子里，就是疯狂地做一件事——画画。三年的时间里，他将不少中国古籍经典都画成了漫画，如《庄子说》《老子说》《大醉侠》等，这些图书的总销量超过了3000万册。同时，他还积累下了大约14万张画稿、1400万字笔记，创作量之巨令世人震惊。他，就是中国台湾著名的漫画家蔡志忠。

蔡志忠为什么能成功，成为漫画界的"翘楚"？原因很简单，他依照自己的兴趣爱好或者说特长选择了画画这一职业，并把自己热爱、擅长的漫画画到了极致。这正印证了蔡志忠所说的一句话："每个人其实都可以用一把刷子混饭吃，关键是要尽早找到这把刷子。"

人与人之间的差异是非常明显的，在找不到适合自己做的事情，事情做不到极致时，在哪里都很难受到欢迎。试想，有哪个建筑公司敢拿人们的生命开玩笑，聘用那些技术半生不熟的泥瓦工建造房屋？有哪个医院敢无视生命而令医术不精的外科大夫给患者做手术……

把自己擅长的事情做到极致，就必须付出比别人更多的努力。而更多的努力是指比别人花费更多的时间，付出更多的精力，承受更大的压力！在这种"努力做到最好"的心态和行动下，谁都可能最终成为一名所在领域的佼佼者。

巴顿从小立志要成为一名大将军。1906年从西点军校毕业后，他如愿成为了一名军人，之后他凭借自己卓越的能力青云直上。1917年，美国正式对德国宣战，巴顿主动请求上级把自己调到前线去，他的理由很简单："如果没有仗可打，那么，无论我从事何种职业都无关紧要了，因为除了做一名军人，我什么也不会。"上级答应了他，巴顿随后被安排到了坦克部队。接下来，巴顿把全部精力都投入了学习军事技能中，还先后去了英国和法国的坦克学校学习，在那里，他是学习最刻苦、最虚心最用心的一个学生，很快他就能熟练操作坦克了，并被上级认命为坦克部队的军官。

巴顿深知军人只有经过严格的训练才有战斗力，才能少牺牲。他训练时要求非常严格，如任何时候都得戴钢盔，包括上厕所；无论天气多炎热，都必须坚持训练。有的士兵发牢骚，甚至骂巴顿，但巴顿浑不在意，仍然坚持自己的做法。坦克里面非常热，空间又小，人在里面憋得慌，坦克兵一般没有个子高的，巴顿却长得又高又大，但他坚持和其他士兵一起训练。

由于军纪严格和指导正确，美国远征军中极具战斗力的坦克部队就这样诞生了。1942年，巴顿率领麾下的第一装甲军参加北非登陆战役，他在指挥战斗时专心致志，一会儿驾着坦克领队，一会儿又跳到地面上大声叫喊，指挥军队前进。他不时地在阵地上跑着，忘了乘车，也忘了战斗的危险。北非天候炎热，他的士兵们个个都戴着钢盔，而且作战英勇、斗志昂扬，最终迫使德军全部撤出了非洲。之后，巴顿的部队又一次次打垮了敌人，巴顿名声大噪，成为举世闻名的"血胆将军"。

让我们再回顾一次巴顿将军的名言："如果没有仗可打，那么，无论我从事何种职业都无关紧要了，因为除了做一名军人，我什么也不会。""血胆将军"这个称号巴顿当之无愧，令人肃然起敬！优秀领导者就需要有这种把自己擅长的事情做到极致的精神，这是一种追求卓越的认真态度和理想目标。

那么，如何判断自己最擅长的事情是什么呢？这就需要你全面、深入地了解和发掘自己，也就是认清自己的兴趣爱好，了解自己的优势和不足，明确个人能力满足哪种工作岗位的要求等。

你可以拿出一张纸，仔细思考以下问题，并将要点记录在纸上：

你喜欢的工作是什么，你希望从中获取什么？

哪些事情你最喜欢、最不喜欢？

你最擅长处理哪些问题？最不擅长处理哪些问题？

……

正如许多分类一样，以上分类无好坏之分，只是为了帮助你清楚地认识和了解自己，并据此把注意力集中在自己擅长的事情上。例如，擅长唱歌的把歌唱好，唱出精彩；擅长跳舞的把舞跳好，跳出精彩；擅长讲话的把嘴巴练好，说出精彩；擅长打球的把球打好，打出精彩。全力以赴做自己最擅长的事，你定能成为出色的领导者。

称职的真正含义

"义不容辞,责无旁贷。"这句话人人耳熟能详。在这里,所谓的"义"和"责"是一种工作职责,即在什么岗位就要承担什么职责。一个将才无论在什么地方、从事什么职业,都能把工作当成事业,力求尽职尽责,毫不吝惜地投入自己的全部精力和热情,这样的人是令人欣赏、受人尊重的。

一个雪花飘飘的傍晚,一身戎装的伯克中士正急匆匆地往家赶。当他经过一个公园时,一个陌生人拦住了他的去路,对方问他是否是一名军人,看起来这个人很焦急。伯克中士点点头,但他不知发生了什么事。这时,陌生人解释道:"我一直在等军人路过这里。是这样的,我在公园里看到一个小男孩在雪地里一动不动地站着哭泣,我问他为什么不回家,他说他是站岗的士兵,他和朋友们在玩站岗游戏。但是,现在天已经黑了,公园里空荡荡的,同他一起玩的那些孩子大概都回家了,我劝他快回家。他说不,站岗是他的责任,没有命令,他不能离开岗位。我怎么劝他回去,他也不听……"

伯克中士和这个人一起来到公园,看到了那个正在哭泣,却站着一动不动的小男孩。伯克中士走过去,向小男孩敬了一个军礼,问道:"下士先生,我是伯克中士,你为什么要站在这里,而不回家?"小男孩停止了哭泣,回答说:"报告中士先生,我在站岗。虽然我很想回家,但是,站在这里是我的责任,我不能离开这里,因为我还没有得到离开的命令。"

伯克中士的心为之震了一下,他以军人的口吻命令道:"我的下士先生,你的任务已经结束了,我现在命令你回家,立刻!"

"是,中士先生。"小男孩高兴地回答,向伯克中士敬了一个不太标准的军礼后,撒腿跑了。

伯克中士看着小男孩的背影,感慨道:"这是一个称职的军人。"

小男孩的站岗"工作"是平凡的,甚至可以说没有什么意义,但他却坚持接到离开命令才肯回家,即使和他一起玩这个游戏的其他小朋友们已经回家。这种坚守岗位、尽职尽责的精神，令人肃然起敬。试问：假如你身边有这样的人，你能不心生敬意吗？

用心做好本职工作，既是一种精神状态，更是一种职业理想。

凡是把本职工作做得非常棒的人，都有机会获得成功。丘吉尔曾说过："伟大的代价，就是责任。"将工作当成自己的事业，才能从工作中学到比别人更多的经验，而这些经验便是向上发展的踏脚石。

就算你暂时不能获得成功的青睐，但你的忠于职守、尽职尽责、认真负责、一丝不苟、善始善终等职业道德，至少也可以获得他人的尊重和支持，你也会为自己感到骄傲与自豪。而且，只要能以这样的心态去对待工作，工作自然而然就能做得更好了。

人一旦不能尽职尽责，即使是做他最擅长的工作，也会做得一塌糊涂。

一个老木匠年事已高，准备退休享受天伦之乐，但老板舍不得他的一手好活，再三挽留，然而老木匠不为所动。没办法，老板只好放他走，但要求他再建一座房子。老木匠答应了，但他的心早回家了，而不在工作上。这所房子建得不仅工艺粗糙，而且还偷工减料，全无往日的水准。等到房子盖好后，老板却把它作为礼物送给了老木匠。老木匠愣住了，一生盖了那么多好房子，却为自己建了一幢粗制滥造的房子。

这个故事告诉我们，无论在什么时候，身处什么岗位，对待工作都要有尽职尽责的态度，"在位一分钟，干好60秒"，千万不能投机取巧，或者期望不劳而获。否则，受损失最大的就是自己，不但得不到他人的尊重和支持，而且最终可能一事无成。

李嘉诚曾说过："不能脚踏实地的人，是一定要当心的。假如一个年轻人不脚踏实地，这很可能意味着他没有起码的责任感，我们使用他时就会非常小心。因为这就好比你造一座大厦，如果地基打不好，上面建得再牢固，也是要倒塌的。"

所以，要想成为一个担当大任的将才，就该这样做——当你选择了一份职业时，就要尽职尽责地去做好。要想做好本职工作，一是要更新你的观念，要把工作当成事业，积极主动、饱含激情地去做；二是立足于本职，建功立业。

有人或许会说，重要的岗位容易调动人的积极性，而平凡的岗位很难让人产生敬业之情。事实并非如此。就一个城市而言，没人当市长是不行的，没人做清洁工也是不行的。

　　查理·贝尔是全球快餐巨头麦当劳的CEO，他是第一位非美国人的麦当劳公司掌门人，也是当时麦当劳最年轻的首席执行官。贝尔的成功并非偶然，他和麦当劳的渊源可以追溯到20多年前。当时，年仅15岁的贝尔由于家境不富裕，在澳大利亚的一家麦当劳快餐店打工，他的第一份工作是打扫厕所。打扫厕所的活儿又脏又累，是一份被视为没有出息的工作，但贝尔却干得踏踏实实，他负责的厕所里总是干干净净的。据称，他打扫的厕所比其他店铺的柜台都干净。当然，他所做的一切同样得到了客人的好评。

　　三个月后，贝尔被破格正式录用了。成为店里一名正式员工，经过正规职业培训之后，贝尔被"识才"的领导放在店内各个岗位进行锻炼。无论身居何职，贝尔都会投入自己十分的热情和精力，在每一件小事中展现自己的能力。经过几年的历练，他全面掌握了麦当劳的生产、服务、管理等一系列工作。最终，获得了意想不到的成功！

由贝尔的故事可知，无论你是领袖还是普通百姓，无论你是领导还是员工，都要脚踏实地做好本职工作。例如，悬壶行医，就要视救死扶伤为责任；经商开店，就要以诚实守信为己任；站在三尺讲台，教书育人就是责任；头顶一枚军徽，守卫祖国就是责任；等等。

对自己的命运负责

一艘在大海中没有航向的帆船，驶往哪个方向都会遇到顶头风，只能在原地打转，最终被巨浪吞没。人也一样，一个不知道自身位置和自我定位在哪里的人，就不会有自己的人生奋斗目标，也就找不到生活的方向，到最后只能碌碌无为、一事无成。

一次，拿破仑带兵远征，考虑到路途遥远，沿途冰天雪地，拿破仑担心士兵们坚持不住。于是，他在出发前检阅军队时问士兵们："你们有谁想当将军的？请站到前面来！"士兵们刚开始不知道拿破仑要干什么，谁都不敢动，最后，一个士兵战战兢兢地站了出来，拿破仑马上封他做了将军。士兵们议论纷纷，拿破仑认真地解释道："不想当将军的士兵不是好士兵，想当将军的士兵才是一个好士兵。现在我们马上就要远征了，路途艰险，你们每个人都要把自己当成是一名将军，勇往直前！"在拿破仑的鼓舞下，顿时士气大增，最后拿破仑带人顺利地完成了这次远征。

"不想当将军的士兵不是好士兵"，拿破仑是这样说的，也是这样做的。

拿破仑出身低微，从小就崇拜亚历山大大帝，希望自己成为一个那样的人。15岁，他有幸考入了巴黎皇家军事学校。在校期间，他阅读大量军事类图书，并常把自己想象成一个将军，在地图上标记作战策略。毕业后，他从一个小小的士兵做起，这期间他参加的大战达到六十多次。在战场上，他表现得英勇无比，差不多每一场战争都取得了胜利。最终，他不仅成为了举世闻名的将军，还成了法兰西第一帝国的皇帝。

"不想当将军的士兵不是好士兵"，拿破仑用这句话给自己明确定位，他要做像亚历山大大帝那样的伟人。这个目标如此明确，激励着他不断地进步，创造了无数的奇迹和辉煌。这启示我们：要想成功，一定要有当将才的理想，要给自己明确的定位。

你的定位明确吗？你做好当将军的准备了吗？

现代社会竞争异常激烈，要想获得发展或在职位上获得提升，更需要有明确的目标，并且坚持不懈地去努力。在这个奋斗的过程中，我们可能会遇到风浪，可能会遇到挫折，但只要我们保持一颗上进的心，积极进取、勇于拼搏，就值得尊敬。

弗兰克13岁的时候，由于家境贫困，没有上几天学便早早地进入了社会，但他要求自己一定要有所作为。那时候，他的人生目标是当上纽约大都会街区铁路公司的总裁。为了这个目标，弗兰克从15岁开始，就与一伙人一起为城市运送冰块，他利用闲暇时间学习，想方设法向铁路行业靠拢。18岁那年，经人介绍，他进入了铁路行业，在长岛铁路公司的夜行货车上当一名装卸工。尽管每天的工作又苦又累，但弗兰克始终铭记自己的人生目标，并积极地对待自己的工作，他也因此受到上司的赏识，被安排到纽约大都会街区铁路公司做邮政列车上的刹车手工作。

工作一开始，弗兰克就对总裁的职务做了一次全盘的了解，他知道总裁的工作是复杂的，必须了解所有部门的情况。于是，他开始统计各种关于火车的盈利与支出、发动机耗油量与运转情况、货物与旅客的数量等数据。做了这些工作后，他掌握了铁路各个部门具体运作细节的第一手资料。有朋友不明白弗兰克为什么这么拼命工作，弗兰克解释道："我是以能胜任总裁为工作目标的，我必须花时间了解总裁的整个工作流程。"

当弗兰克确认自己已经具备管理者的素质时，他主动找到了公司的一位主管，言辞恳切地请求能在公司管理部做事，做什么工作都可以，甚至自己可以不要报酬。对方被他的诚挚所感动，安排了一个很小的职务给他，让他试试看。新的岗位虽然地位很低，但弗兰克始终没有忘记自己的目标，他不断地补充自己的专业知识，丰富自己的管理经验，很快，他获得了快速成长，最终实现了成为总裁的目标。

弗兰克清楚自己要的是什么，并且有十分清晰的计划，最终他成为所在企业的领导者。可见，一个人的成功并不在于开始时的条件如何，而更多地在于是否为自己找到了明确的定位，有了清晰的规划，并且能持之以恒，几十年如一日地为之奋斗。

你拥有的就是你去实现的前提，你想成为的就是你前进的方向，你决定怎么样去实现就是你一步步的计划。世界上的很多事都是这样的，"如果你知道去哪儿，全世界都会为你让路。"定位明确，才能少走弯路；目标清晰，才能直达成功。

真正的将才不会逃避挑战

做自己擅长的事情，并从中获得成就和金钱，这对于许多人来说无疑是幸福的。但并不是每个人都这么幸运，由于种种现实原因，很多人正在做着自己并不擅长的工作。例如，酷爱文学的人做了一名数学老师，喜欢教学研究的人做了行政管理工作……在这种情况下，你会怎样想，怎样做呢？

对于这个问题，有些人的想法是，某些方面可能自己并不擅长，甚至可能并不胜任，既然如此，那就干脆不做。有些人就算做了，大多也会采取消极态度，对工作心不在焉，或者敷衍了事。结果是工作效率低下，越来越讨厌这份工作，长此以往则很可能一辈子碌碌无为。

将才则不同，性格与责任感驱使他们不会逃避有挑战性或是不喜欢的工作，即使再不擅长的事情，他们也会追求圆满。如果这份工作并没有想象的那么糟糕，他们会考虑改变一下自己；如果是自己基础不好、能力不够而导致兴趣不足，他们就会想办法提升自己。

在这一点上，纽约证券公司的金领丽人苏珊给我们做了好榜样。

苏珊出生于一个音乐世家，由于从小耳濡目染，她非常喜欢音乐，并期望自己能够一生驰骋在音乐的广阔天地中。但阴差阳错地，上大学时，她被工商管理系录取了。尽管她不喜欢这个专业，但她学得很认真，每学期各科成绩均是优异。毕业时，优秀的她被学校保送到麻省理工学院，在这里，她又拿到了经济管理专业的博士学位。毕业后，她进入了自己原本并不喜欢的证券业。如今，她已是美国证券业界的风云人物。

对此，有人很不解地问苏珊："你不喜欢你的专业，为何你学得那么棒？你不喜欢眼下的工作，为何你又做得那么出色？这不是很矛盾吗？""不，"苏珊十分坚定地说，"老实说，至今为止我仍说不上喜欢自己所从事的工作。如果能够重新选择的话，我会毫不犹豫地选择音乐。但是，对待工作必须要认真，不管喜欢不喜欢，那都是一定要面对的，我没有理由草草应付。那是对工作负责，也是对自己负责。"

"对待工作必须要认真，不管喜欢不喜欢。"苏珊的话耐人寻味，这凝聚了她对自己所从事工作的敬重，也凝聚了她不甘平庸的人生理念。正是这种"在其位，谋其政，成其事"的敬业精神，让她心平气和地做着自己不喜欢的工作，进而取得了世人瞩目的成就。

没有人可能是通才，如果你无法改变在工作中的位置，那么你可以改变自己对待工作的态度，进而改变命运。所以，无论你擅长或喜欢什么，其最有意义的事是"做好现在"。

对此，美国第一位亿万富翁石油大王洛克菲勒讲道："没有一个工作是十全十美的，工作中难免有压力、有枯燥的时刻，把自己喜欢的工作干好是一种享受，把自己不喜欢的工作干好，更需要使命感，这种使命感就是我们常说的'敬业精神'。"

不光如此，优秀的领导者还懂得工作没有高低贵贱之分，每一份工作中都存有许多宝贵的经验和资源。他们会从心底认同每一份工作，并全力以赴地投入其中，努力培养自己对工作的热情及兴趣。

生性内向的黄莉毕业于某大学中文系，她的理想工作是在办公室做行政工作。但是，理想很丰满、现实很残酷，黄莉找不到行政类的工作，最后只好从事自己最不喜欢的销售工作。第一次去拜访客户的时候，毫无实践经验的黄莉碰了一鼻子灰，被客户一口拒绝了。黄莉一向自视甚高，从来没有尝过被人拒绝的滋味，吃了"闭门羹"后，她大受打击，加上对这份工作本身提不起任何兴趣，她顿时产生了辞职的想法。

不过，黄莉很快就平静了下来，为什么就认定自己不适合做销售呢？接下来，她开始有意识地劝说自己要喜欢销售工作。黄莉的学习能力很强，接受新事物也很快，做了半个月的销售后，情况开始发生了改变。黄莉面对各种客户都能轻松应对，而且谈吐优雅得体、幽默风趣。特别是赢得了第一个客户后，她雀跃不已，心里的那种满足感更是一种享受，她发觉自己开始爱上了销售工作，工作也越来越出色了。

通常，人们不愿意做那些自己不擅长的事，所以心里发怵。其实，在很多情况下，这是因为你对工作了解得不够深入。因为了解不够，做起工作来就会因为摸不着门路而碰壁，工作的积极性也就容易受挫，结果对工作心生厌恶，误以为自己不擅长或者不喜欢罢了。

工作意味着责任，有些人之所以能够成为将才，就是因为他们敢于挑战自己，有强烈的责任心。即使面对非常不擅长、不喜欢的工作，他们也能勇敢地承担起这份无法逃避的责任，对自己的行为有所约束，积极认真地去学习，表现出严谨的工作态度。

试着对自己的工作负责吧，不管这份工作是否符合你的心意。只要你竭尽全力去做，你就会做好，甚至做得很出色。而且，在对工作不断深入地了解中，你会发现原以为枯燥乏味的工作中其实蕴含着很多乐趣，你最终也将得到比别人更多的经验和能力。

第 9 章
将才如何提升思维力

对于将才来说,能否正确地分析、思考并解决问题,是衡量其领导水平高低的标准,其关键在于具有独特的思维能力。

善用辩证思维分析问题

身为领导者,你随时会遇到各种纷繁复杂的问题,这时,你会如何思考呢?

每个人或许有自己的思维方法,但在将才这里,有一个方法却是通用的,那就是辩证思维。所谓辩证思维,就是运用分析、比较等方法,找出符合实际情况的解决方法,即我们常说的"看菜吃饭""量体裁衣",坚持具体问题具体分析。

领导者面对的问题多种多样,不同的问题其性质也不尽相同，即使相同的问题也有细枝末节的差别。现实中为什么有些领导工作总是很被动？原因在于他们缺乏辩证思维，不顾实际情况，常用相同的办法解决不同的问题，其结果当然事倍功半，甚至无功而返。

由于种种原因，宋江决定带兵攻打祝家庄。一打祝家庄，宋江等人直冲猛上，没有考虑祝家庄机关重重。甫进祝家庄，大家便迷了路，不知道该从哪里进攻了，结果吃了败仗。二打祝家庄，宋江等人提前熟悉了进入祝家庄的路径，谁知一进去，他们就遭遇了对方营盘里的伏兵，而且，这次祝家庄还与附近的李家庄、扈家庄联盟，宋军乱了手脚，又不知该从哪里出来，结果又输了。三打祝家庄，宋江等人改变了策略，从调查入手，具体问题具体分析，不仅熟悉了进出祝家庄的道路，拆散了祝家庄和李家庄、扈家庄的联盟，还用了外国故事中所说的"木马计"相似的方法，内外接应，结果宋江终于打了胜仗。

第一次不识进去的路，宋江等人陷入险境；第二次虽识得了进去的路，却因不知出来的路，且祝家庄有李家庄、扈家庄救援，宋江等人又败；第三次攻打时，通过深入了解，认真分析具体情况，重新部署，终于取得了胜利。宋江三打祝家庄的战斗是符合辩证思维的，有其深刻的哲学意蕴。

人们认识事物是为了正确地解决矛盾，事物的矛盾各不相同，解决矛盾的方法也不可能千篇一律。既不能照搬前人的理论，也不能盲目地实践，而是要理论与实践相结合，具体问题具体分析，妥当处置。

传说，北京城里曾经有一个裁缝，他裁制的衣服，长短肥瘦，无不合体，因此许多人喜欢找他做衣服。不过，他与其他裁缝有一点儿不同，那就是除了量顾客的身材尺寸外，他还要询问对方的性情、年纪以及中举时间等。人们感到奇怪，问他为什么要这样。

裁缝回答说："如果是青年中举，必定意高气盛，性情骄傲，走起路来抬头挺胸，因此衣服要做得前长后短；做官有了一定年资，大都没那么兴奋，走路不免弯腰曲背，做的衣服就应前短后长；性情急躁的，衣服要做得短；性子慢的，衣服应做得长些。"

不难看出，这位裁缝之所以能够名噪京城，与他具体问题具体分析、一切从实际出发的理念和做法分不开。后来,"量体裁衣"这个成语泛指人们根据具体情况办事情、处理问题。

因此,当工作中遇到左右为难的问题时,你不妨运用一下辩证思维,先了解事情的前因后果,再因地制宜,对症下药,从中寻找解决问题的有效途径。

李·艾柯卡大学毕业后,在美国福特汽车公司做起了销售员的工作,主要销售一款1956年型的新车。前几个月,艾柯卡的销售情况十分糟糕,为此他情绪低落。这款新车外形和功能都很好,为什么就是卖不出去呢?通过调查了解,艾柯卡得知问题出在价格上,虽然这款新车很吸引人,但价格太贵了,所以几乎无人问津。

降低车价吗?这不是自己能作主的,而且也不是提高销售提成的好办法。有什么办法可以在不降低车价的前提下,让这款汽车显得便宜些呢?艾柯卡开始了冥思苦想,终于他突然想到:"既然一次性支付车款会给客户们形成较大的经济压力,为什么不尝试下分期支付呢?"他快速来到经理办公室,提出了自己的销售方案,即只要先付20%的车款,其余部分每月付56美元,3年付清。这样,一般人都负担得起。经理觉得这个方法很棒,当即推出"花56美元买一辆56型福特"的广告。

"花56美元买一辆56型福特"的做法,打消了人们对车价的顾虑,还给人们以"每个月才花56美元,实在是太合算了"的印象。随后短短3个月中,艾柯卡的业绩火箭般直线上升,该款汽车销售量一跃成为全国冠军,年销量更是高达7.5万辆。艾柯卡因此名声大振,被公司提拔为华盛顿特区的销售经理。

李·艾柯卡是一个非常有智慧的人,他具体情况具体分析,想出了"花56美元买一辆56型福特"的销售策略。从这个故事可以看出,世上没有不能解决的难题,只要你认真地分析、辩证地研究,再难的问题也可以得到完美的解决。

依靠逻辑思维理性思考

有一个概念常常被人们提及,它就是——逻辑。什么是逻辑呢?在《现代汉语词典》里,"逻辑"的含义是思维或客观性的规律,而逻辑思维则是一种确定的而不是模棱两可的,首尾一贯的而不是前后矛盾的,有根有据的而非随意编造的左脑思维。

你会逻辑思维吗?如果你通常会依据事实、图表、市场数据和消费者调查进行决策,那么恭喜你,你是将才的潜力股。将才一般擅长左脑思维,具有较强的逻辑思维能力。在问题面前,他们往往能够理性地进行分析,进而找出问题的关键,成功地解决问题。

逻辑思维为何如此强大呢?看看这个故事,你就会明白了。

战国时期,齐国将军田忌经常和齐威王押赌赛马,尽管田忌指挥作战时从容不迫,战功显赫,但在赛马上却屡次失败,输了不少钱。这天,田忌赛马又输了,他十分沮丧。这时，好友孙膑过来拍着他的肩膀说："我刚才看了赛马，马分上、中、下三等，威王的马都比您的马快不了多少。您别失望，下一次比赛，您只管下大赌注，我保证您能赢。"

田忌相信并答应了孙膑，与齐威王用千金来赌胜。比赛即将开始，孙膑对田忌说："第一局用您的下等马对他的上等马，第二局用您的上等马对他的中等马，第三局用您的中等马对他的下等马。"比赛开始，第一局当然是田忌输了，但第二局、第三局，田忌都赢了。

孙膑并没有更换赛马，不过是遵循严密的逻辑规律进行了理性分析，对赛马进行了新的排列组合，结果帮田忌以三局两胜取得了胜利。

不难理解，逻辑思维教我们抓住了问题的关键，看透问题的本质，明白现象的原因，洞悉每一件事带来的影响，最后获得符合逻辑的正确答案或做出合理的结论。一个人一旦拥有了逻辑思维，就具备了管理能力和解决问题的能力，就能走向成功之路。

很多人遇到问题时，往往不知从何下手，抓工作抓不住要害，做事做不到点子上，这都是因为没有逻辑性的思维，不知道如何进行合乎逻辑的判断和思考，从而对问题的判断、理解、认知往往是片面的，因此也不可能深入问题的本质。

一个问题的发生是有其逻辑可循的，这就意味着，每当你需要了解和解决某个问题时，都要去理性地分析因果关系。

19世纪后期，欧洲市场上有很多种剃须刀，但是大多数剃须刀既不好用又不安全，个别的安全剃须刀价格又太高，人们把购买和使用安全剃须刀看作是一种奢侈的消费。经常用剃须刀的人算过这样一笔账：一把最便宜的安全剃须刀相当于一个工人5天的工资，买一把安全剃须刀的钱可以去理发店刮5次胡子，因此这些安全剃须刀很难卖出去。

怎么办呢？很多剃须刀营销商对此一筹莫展。这时，一个叫吉列的生产商通过分析剃须刀的结构和市场需求，弄明白了新式剃须刀销售不畅的原因。于是，他生产的安全剃须刀采取了一种分拆方法，把剃须刀分拆为刀架和刀片两部分，然后分开来卖。成本最大的刀架可以赠送给顾客，而成本低的刀片反而提高价格出售。

接下来，吉列又根据消费者的心理接受能力计算了价格。假如每只刀片的制造成本是1分钱，而售价是5分钱。在消费者看来，去理发店刮一次胡子的成本是10分钱，一个刀片的价格是5分钱，但是可以用6次，平均下来，自己剃须子的成本还不到1分钱，只相当于1/10的理发费用，是非常合算的。使用剃须刀的顾客当然也会算这笔账。但是，价格昂贵的刀架是让顾客犹豫不决的一个重要因素，于是吉列公司采取赠送刀架的策略使他们感到非常愉快。首先用剃须刀架占领市场，然后再提高剃须刀片的价格，这种销售策略自然取得了成功。

吉列公司销售剃须刀的成功，就是遵循了逻辑分析法。不论你能否发现它，逻辑一定存在、随时存在、无处不在。你想做好工作吗？你想脱颖而出吗？你想成为将才吗？那就培养你的逻辑思维吧，将掌握的知识组合起来，弄清步骤、分析过程等。一次又一次，你就会发现，你解决问题的能力有了大幅度的提高。

缜密多思胜过直觉

你做事理性吗？请认真回答。理性是什么？很简单，就是面对层出不穷的问题，错综复杂的各种矛盾，能够全面把握事物的现象与本质的一种思维能力。俗话说"三思而后行"，思考什么呢？思考的是问题的根源和起因。之所以要"三思"，是因为事情并不是想象的那么简单，表象总是容易迷惑人心，有时我们的直觉会出错。单凭直觉，异想天开地想肆意而为，很难得出正确的结论，而且会把事情弄得一团糟。

一天，瓢泼大雨从天而降，一个富商家的墙被雨水冲塌了大半。儿子说："爹，我们叫人把这里修一修吧，不然，到时候有盗贼来偷东西就麻烦了！"邻居老大爷站在一旁，也插了一句："是呀，公子说得没错，就修修吧，也花不了几两银子。"

面对儿子和邻居的劝告，富商满脸不在乎地说："哪有盗贼敢来偷我家啊？这是不可能的。再说，修一堵墙得花我多少银子啊，而且那该多受累啊，我才不找那份罪受呢……"岂料，晚上富商家真的丢东西了，值钱的古董花瓶、名画，还有金银珠宝，都被偷走了。结果，那个富商说："当时就我儿子和邻居在场，肯定是邻居偷了我们家的东西！"

既然是儿子和邻居同时在场，为什么偏偏只怀疑邻居呢？"智子疑邻"的故事让我们认识到，感情的亲疏常常影响人们对事物的认识，让人们产生主观臆测，这样很容易得出错误的结论。相反，唯有从理性的角度客观评价事物，才能做出正确的判断。

理性的人办事沉稳谨慎，思维严密，深得别人的器重和赞美，这样的人方能称为"将"。

沃伦·巴菲特是美国有史以来最伟大的投资家，他非常强调理性："投资没有百分百安全，你必须是理性的。如果你不理解这一点，就别做投资。"在职业生涯里，巴菲特一直铭记这一投资经验，他从来不相信谁能预测市场，不管别人说得多么诱惑人，他都能置若罔闻，也不会盲目地跟随市场追涨杀跌，而是理性地研究投资市场的变化。

在2005—2007年股票猛涨的大牛市，很多投资家都被冲昏了头脑，疯狂地投入现金。巴菲特却非常理性，他认为凡事都会物极必反，抵制住了多赚几百亿美元的诱惑，慢慢地收回自己的资本，将200多亿美元现金拿在手上，只赚微薄的存款利息。结果，2008年美国爆发了有史以来最严重的金融危机，巴菲特因为有大量现金而安然度过这次危机。

对于自己的成功，巴菲特解释说："人往往是很感性的，理性就意味着控制自己的感性，按照规律来行事。我很理性。很多人比我智商更高，很多人也比我工作时间更长、更努力，但我做事更加理性。你必须能够控制自己，不要让直觉左右你的理智。"

做事理性，你才会少犯错误、少走弯路，更容易达到成功。切记，凡事都不能太冲动，不能只跟着感觉走，多思考才能少后悔！

那么，如何理性判断、理性做事呢？很简单，尽可能多地收集各方面的信息，以实践中得来的感性材料为基础，去伪存真、由此及彼、由表及里地进行分析和归纳，使之从经验层次上升到理论层次，也就是从感性认识上升到理性认识，把握问题的规律、关键和本质。

达尔文是英国生物学家，进化论的创始人，他的巨大成就是如何来的呢？既不是运气，也不是直觉，而是与其运用科学方法，特别是理性思考密切相关。达尔文从小就热爱大自然，喜欢打猎、采集矿物和动植物标本，尤其热心于收集甲虫等动植物标本。1831年，他跟着海军勘探船开始了环球考察研究，在旅行途中，他观察那些小鸟、蝴蝶、蚯蚓……与此同时，他还不断地采集矿物和动植物标本，挖掘生物化石等，在此过程中还发现了许多没有记载过的新物种。在历时5年的环球考察中，达尔文积累了大量的资料。

达尔文既没有仅仅止步于积累资料，也没有急于发表自己的结论，而是不停地进行实验、观察、比较、论证。最后，他经过理性地思考，揭示了许多事物的本质，譬如他从许多昆虫陷入毛毡苔的现象中发现了这种植物有奇特的吞噬能力。通过长期研究，达尔文还发现，生物在世代与世代之间具有变异现象，这是进化论的核心思想。这时，并非达尔文一人提出了进化论的理论，但是他的理论最系统，论证最有力，细节也最完善。

考察发现——观察比较——得出结论,理性的头脑,理性地思考,对达尔文从事的科学研究产生了极大的推动作用。一个科学家如果没有理性思维能力,就只能永远停留在事物现象的表层,无法有所发明创造。

理性铸就成功,理性成就大将风范。

运用抽象思维分解任务

工作中有一个普遍的现象:面临一个相对艰巨的任务时,如"1年拜访3000个客户""3年内从普通职员升为部门经理",我们很多人会觉得自己很难做到,会产生焦虑、茫然等消极心理,或者干脆选择逃避,或者"明日复明日",一拖再拖,结果什么都干不成。

将才之所以是将才,是因为他们能做到普通人做不到的事情,即便这项任务很艰巨。将才的方法是把大任务分成比较容易实现的一个个的小任务,这是一种抽象思维的妙用,也是成功的捷径。

心理学家组织了三组人,让他们分别向着10000米以外的三个村子进发。

第一组,心理学家既不告诉他们村庄的名字,也不告诉他们路程有多远,只告诉他们跟着向导走就行了。刚走出两三千米,就开始有人喊累;走到一半时,有人抱怨为什么要走这么远,何时才能走到目的地;越往后,他们的情绪就越低落,有人甚至坐在路边不愿走了。

第二组,心理学家让他们知道了村庄的名字和路程距离,但路边没有里程碑,他们只能凭经验来估计行程的时间和距离。刚开始时大家还有兴致,但走到一半时,大多数人想知道已经走了多远,比较有经验的人说:"大概走了一半的路程。"于是,大家又继续往前走。当走到全程的 3/4 的时候,大家开始觉得疲惫不堪,而路程似乎还有很远。

第三组,心理学家不仅告诉了他们村子的名字、路程,而且还在路旁每 1000 米做了一块里程碑。边走边看里程碑,人们一直知道自己走了多少、离村子还有多远。当看到里程碑显示离村子越来越近时,大家虽然有些累,但情绪一直很高涨,他们很快就走到了目的地。

从这个试验中,我们可以得出这样的结论:如果人们的行动有明确的目标,并能不断将行动与目标加以对照,那么他们就清楚地知道自己与目标之间的距离，人们行动的动机就会得到维持和加强，就会自觉地克服遇到的困难，努力实现目标。

的确，很多人心里都有一张清晰的目标地图，但因为面前有太长的路要走，就有些无从着手，甚至望而生畏。因此，为了不让自己丧失信心，你不妨将目标分解。一旦化整为零，任务难度就降低了，就可以通过完成一个又一个小目标来达成大目标，最终走向成功。

事实上，不少人正是因为善于运用抽象思维，凭借"化整为零"的悟性，克服了一个个困难、攻克了一个个难题，完成了高难度的工作任务，最终成为一个功成名就、人人敬佩的将才。

山田本一原本是一个名不见经传的日本运动员。后来，他在1984年东京国际马拉松邀请赛、1986年意大利国际马拉松邀请赛上，先后出人意料地夺得了世界冠军，一时间轰动了整个世界。当记者问山田本一凭什么取得如此惊人的成绩时，不善言谈的山田本一用了一句话回答："用智慧战胜对手。"当时，许多人对山田本一所谓的"智慧"有些迷惑不解，毕竟马拉松比赛是一项非常考验体力和耐力的运动。

十年后，这个谜困终于解开了。山田本一在自传中说："起初比赛时，我总是把目标定在40多千米外的终点线上，结果，跑到十几千米时，我就疲惫不堪了，因为我被前面那段遥远的路程给吓倒了。后来，我把比赛目标进行了细化。每次比赛之前，我都要提前乘车把比赛的线路仔细地看一遍，并把沿途比较醒目的标志记下来，比如第一个标志是银行，第二个标志是黄色的房子，第三个标志是一棵大树……这样一直到赛程终点。比赛开始后，我就以百米的速度奋力地冲向第一个目标，抵达目标后，我又以同样的速度冲向第二个目标。就这样，40多千米的赛程，被我分解成这么几个小目标轻松地跑完了……"

事实就是这样，把一个大目标分解为若干个小目标，再努力一点点完成自己的小目标。完成一个小目标之后，再激励自己完成下一个小目标，日程月累，不愁完成不了大目标……正是通过这样的方法，山田本一获得了世界冠军。

美国著名作家赛瓦里德也说过："当我打算写一本25万字的书时，一旦确定了书的主题和框架，我便不再考虑整个写作计划有多么繁重，我想的只是下一节、下一页，甚至下一段怎么写。在6个月当中，除了一段一段开始外，我没想过其他方法，结果就水到渠成了。"

需要注意的是，将才不仅需要干出一番业绩，而且还常常需要说服他人。例如，让代理商、客户等心甘情愿地与自己合作；给属下安排任务时，让属下不会因为任务太难、太复杂而犹豫或拒绝。这时候，利用抽象思维心理进行化整为零是最合适不过了。

举一个现实的例子，营销手机时，你可以这样形容手机的价格，如"原价2800元的智能手机，现价仅仅是1600元，额外赠送价值100元的原装锂电池、200元的蓝牙耳机，再加送价值300元的存储卡。相当于仅仅需要付出1000元，你就可以轻松地拥有这部高科技的手机……"怎么看都是物超所值的，客户不知不觉就被说服了。

1968年的一天，罗伯·舒乐博士产生了一个大想法，他要在加利福尼亚州用玻璃建造一座水晶大教堂。他向著名的建筑设计师菲利普表达了自己的构思，菲利普经过一番研究，最终敲定建造教堂需要的预算是700万美元。这个数字不但超出了舒乐博士的承受能力，甚至也超出了他的想象范围。而当菲利普得知舒乐博士一毛钱都没有时,他对舒乐博士说:"这简直就是天方夜谭,你根本办不到的。"

舒乐博士笑着摇摇头,他在一张白纸上写下了自己实现目标的奇特计划:

1. 找1笔700万美元的捐款;

2. 找7笔100万美元的捐款;

3. 找14笔50万美元的捐款;

……

9. 找700笔1万美元的捐款;

10. 卖出教堂1万扇窗户的署名权,每扇窗700美元。

在神奇的化整为零下,舒乐博士的宏伟目标显得越来越容易实现了,舒乐博士最后决定采用第10个计划,毕竟700美元对于很多人来说是可以承受的。结果,舒乐博士历时一年多就筹集到了足够的款项,水晶大教堂建造成功了,并成了美国加利福尼亚州的一大圣景。

不是每个人都要建造一座水晶大教堂,但是每个人都渴望成功。当你想成为将才,却感觉难以实现时,那么就应像山田本一那样,像罗伯·舒乐博士那样,善用你的抽象思维，化整为零吧。拥有这样的思维方式，相信每个人都会创造奇迹的！

别忽视灵感

很多时候，将才的成功是来自某个瞬间的灵感。灵感是什么？灵感是一种思维活动，它不同于逻辑思维，而是一种突然出现的富有创造力的念头或设想。灵感几乎不需要投入经济成本，但灵感本身却是很有价值的。

她是一位单身妈妈，是一个连喝杯咖啡都要盘算的穷教师，生活穷困潦倒，但她却有很多奇思妙想。早年，她结识的一位朋友生长在一个十分富有的家族，她俩是好朋友，这个显赫的家族每年夏季都要在自己家举办规模盛大的聚会。有一次，这位朋友带上她前去参加聚会。这是一个古老而神秘的城堡，她喜欢极了。突然，一个想法产生了——写一个关于城堡的故事。

故事怎么写，她又没有思路。直到一次，在曼彻斯特前往伦敦的火车旅途中，她看到了一个小巫师打扮的小男孩。于是，她的主人公诞生了——一个11岁的小男孩：瘦小的个子，乱蓬蓬的头发，明亮的绿色眼睛，戴着圆形眼镜，前额上有一道细长、闪电状的伤疤……对，这就是风靡全球的魔幻人物哈利·波特！而这位写故事的妈妈就是乔安妮·凯瑟琳·罗琳。

乔安妮·凯瑟琳·罗琳成功了，她在一夜之间从贫穷的单身妈妈跻身为国际畅销书作家，这一切就源自她的灵感，写作灵感给了她创造力和想象力。由此可见，灵感虽然只是一瞬间在脑海中闪现的想法，但很有可能会变成成功的契机。

问题是，灵感很美妙，同时也很吝啬，它很随机、很偶然，稍纵即逝。一旦人们没有认真对待它，或者忽略了它，它就会消失得无影无踪。可惜的是，大多数普通人都把自己的灵感白白丢弃了，不知多少可能成为将才的机会就这样错过了。

例如，当苹果砸在牛顿的头上时，牛顿突然产生了一个疑问："为什么苹果会落地，而不是向上或者横着飞起来？"思考的结果，他发现了万有引力定律。这肯定不是第一个落地的苹果，千百年来被苹果砸到的也不止牛顿一个人,但大多数人只是把苹果吃掉或扔掉了。

你是幸运的将才,还是不幸的普通人?

灵感青睐有思想的人,所以别羡慕将才的好运气,一定要努力抓住它才是正理!德国著名的哲学家黑格尔曾经说过:"灵感需要多看多问多想。"这句话看似简单,想要做到却是相当困难,因为现实生活中的很多人会被那些所谓的正确答案禁锢自己的思维。

对于此,正确的做法是培养自己的发散思维。人们经常说的所谓灵感,事实上就是一种发散思维,或称"多向思维""辐射思维",即从某一个点出发,任意向各处发散,就像车轮的辐条一样,这样就可使思维变得更加丰富、灵活。

胸腔叩诊和听诊器的发明就是一个利用发散思维而进行创造的成果。

300多年前,一位奥地利医生接诊了一个胸部疼痛的患者。患者看起来很痛苦,但当时既没有听诊器,也没有X射线技术,医生没有办法确认患者到底哪儿病了。结果,这个患者不治身亡了。医生将尸体解剖后发现,死者的胸腔内已经发炎化脓了,而且胸腔内有很多积液。这位医生非常自责，决心要研究判断胸腔积液的方法，但他却无计可施。

一天，他看到卖酒的父亲正在用手指敲酒桶来估算桶里酒的容量。医生突发奇想，人的胸腔不是和酒桶有相似之处吗？既然敲酒桶可以判断桶里面酒的容量，那么，如果人的胸腔内积了水，敲起来的声音也一定和高正常人的胸腔声音不一样。此后，这个医生给患者检查胸部时就用手敲，来诊断患者的胸腔是否患病，这就是"叩诊法"。

后来，"叩诊法"得到了进一步的发展。

1861年的某天，法国医生雷克遇到了难题，一位患有心脏病的贵妇人来看病，若用"叩诊法"，恐怕会给患者带来不悦甚至造成伤害，怎么办呢？正在为难之际，他忽然想起了一个游戏，一个人在一根圆木的一头拍打，另一个人把耳朵贴近圆木一头就能听到声音。于是，他请人拿来一张纸，把纸紧紧卷成一个圆筒，一端放在那患病妇人的心脏部位，另一端贴在自己的耳朵上，他果然听到了患者的心跳声。后来，他把卷纸改成了小圆木，再改了成现在的橡皮管，另一头改进为贴在患者胸部能产生共鸣的小盒，就成了现在的听诊器。

敲酒桶判断桶内酒量的多少、在一根圆管的两端传声，这些都是日常生活中常见的生活技巧或游戏，但无论是三百多年前的那位奥地利医生，还是法国医生雷克，他们都没有视而不见，而是用了发散思维看到了不同事物之间的相似处，从而从这些看起来不相关的事物上获得了灵感。

在思考的前提下，不忽略任何看起来不大相关的事物，只要你能发现事物之间的联系，就很能够挖掘出更多相关的灵感，并加以利用可有效快速地解决各个方面的问题。将你的思维无限发散吧，做一个有无限灵感的人，以便在未来的发展中领先于人，最终成为一马当先的将才。

为此，你不妨随身携带一个笔记本，保持随手记录灵感的习惯。一个新的念头或者设想出现时，无论其大小，即便是只言片语，只要有新意，就马上记录下来，日积月累，这个笔记本将成为关键时刻你灵光一闪的素材库。

转换思考问题的角度

科学家们曾经进行了一项实验：将一群蜜蜂放进一个敞开口的瓶子里，并将瓶底对准阳光。遗憾的是，这些蜜蜂竟没有一只能飞出瓶子。为什么呢？因为蜜蜂以为出口在光线最明亮的地方，于是不停地撞击瓶底，却对稍微黯淡的敞开的瓶口视而不见，最终，它们一个个力竭身亡。

工作中会遇到各种困难或复杂的场面，不少人习惯从一个角度看问题，总是下意识地只从某个角度或一个方面去观察、分析并努力找到解决的办法，这就是人们平常说的"一根筋"，结果，他们虽竭尽全力却于事无补，只能使工作陷入困境。

美国著名的企业家凯马特就曾犯过这样的错误。

凯马特是现代超市型零售企业的鼻祖，是世界最大的连锁超市和最大的零售企业，这些都是凯马特本人及其公司值得骄傲的地方。但是，后来的沃尔玛公司渐渐开始蚕食凯马特的市场了。1993年，沃尔玛更是占踞全美零售业的榜首。在凯马特面前，沃尔玛只是个"小字辈"，被这样的后起之秀远远甩在身后，自然令凯马特难以接受，于是，凯马特毅然针对沃尔玛发动了一场针尖对麦芒的价格战：推出成百上千种特价商品，声称价格绝对低于沃尔玛。

沃尔玛也不甘示弱，立即对这些特价商品打折，使其价格再次低于或持平于凯马特。随即，双方进入了比拼内功的阶段：看谁的运营成本更低。由于不少货品都是赔钱赚吆喝，凯马特的亏损直线上升，很快难以支撑。反观沃尔玛，由于储备资金优于凯马特，比次价格战虽然代价高昂，但尚能承受。

这样，孰胜孰败，从凯马特发动正面进攻的一刻就已经注定了。2012年1月22日，凯马特向法院申请了破产保护，所列资产近163亿美元、债务约103亿美元，创下了美国历史上最大的零售业破产案。

一山不容二虎，市场竞争只有你死我活和我存你亡这两种结果，这是凯马特的陈旧想法。他没有看到自己已今不如昔,"后起之秀"沃尔玛已不再是它能够正面硬拼下来的对手,硬碰硬只能两败俱伤。结果,凯马特付出了不菲的代价,惨遭破产。

在困难和问题面前,你是这样吗?如果是,很抱歉,因为很多时候困难和问题得不到合理解决。这就需要我们不要一味地死钻牛角尖,要学会多角度地思考问题,全面地对问题进行分析,从而找出问题的最优解。

对于这一点,意大利著名画家达·芬奇的老师对达·芬谈自己画蛋的体会时说过:"即使是同一只蛋,只要变换一下角度,其形状便立即不同了。"著名的北宋诗人苏轼也曾在《题西林壁》中这样描述庐山:"横看成岭侧成峰,远近高低各不同。不识庐山真面目,只缘身在此山中。"

所以,当你在困难和问题面前束手无策时,不妨多换几个角度想一想,考虑有没有其他的可能,凡事多问几个为什么,这样你可以更加清晰、透彻地发现问题的本质,从而想出更好的解决办法。

哈姆威本是西班牙大马士革城的一个制作薄饼的小商贩,在北美狂热的移民潮中,他怀着掘金的心态来到了美国，希望靠卖薄饼大赚一笔。但糟糕的是，美国并不像他想象的遍地黄金，他在美国的薄饼生意和在西班牙没有什么区别，甚至更萧条一些。

1904年夏天，美国举行世界博览会，哈姆威认为这是一个挣钱的好机会，便在博览会会场外卖起了薄饼，但生意依然惨淡。而和他相邻的一位卖冰激凌的商贩生意却很火爆，不一会儿就售出了许多冰激凌，很快，他带来的用来装冰激凌的小碟子也快用完了。

哈姆威在一旁唉声叹气，就这样灰溜溜地回家吗？他有点儿不甘心，怎样改变这种状况呢？有什么方法能将薄饼卖出去呢？买一送一？做成笑脸的形状？……看到卖冰激凌的商贩正着急买小碟子，哈姆威突然想到可以把自己的薄饼卷成锥形，用它来盛放冰激凌。

卖冰激凌的商贩见这个方法可行，便要了哈姆威的薄饼，结果这种锥形的冰激凌在顾客中大受欢迎，而且被评为"世界博览会的真正明星"，这就是现在的蛋卷冰激凌的前身。

这个故事又一次验证了一件事：不要总想着正面解决

问题,而应多角度地思考问题,如此,往往会找出解决问题的多种可能,这乃是"创新性思维"的开始。一个人,尤其是为将者若能做到这点,则遇到的困难和问题就会迎刃而解,最终成就一番事业。

第10章
将才如何提升决策力

决策是将才工作的核心，也是将才的主要职责。简单地说，决策就是出主意、做决策，即决定做什么、怎么做。将才需要把握事态全局，做正确的事、正确地做事。

明确提出团队目标及方向

在团队建设中，有人做过一个调查，问团队成员最需要团队领导做什么时，70%以上的人回答——希望团队领导指明目标或方向；而问到团队领导最需要团队成员做什么时，几乎80%的人回答——希望团队成员朝着目标前进。可见目标在团队建设中的重要性。

对于团队目标，有人说："没有目标的行动只能是一种盲动，没有目标的行动只能是一种苦役。"的确，没有谁愿意跟随一个没有前进目标的领导，也没有谁愿意在一个没有发展目标的企业中工作。

　　一队毛毛虫在树上排成长长的队伍在前进,有一只毛毛虫在最前面带头,其余的依次跟进,一旦带头的毛毛虫找到了食物,队伍就会停下来,开始享受美味。有一个调皮的小孩子对这个现象非常感兴趣,于是,他将这一组毛毛虫放在一个大花盆的盆沿上,使它们首尾相接,排成了一个圆形,带头的那只毛毛虫也排在队伍中。随后,小孩又在队伍旁边摆放了一些毛毛虫喜爱吃的食物。

　　这时,那些毛毛虫开始移动,它们像一个长长的游行队伍,没有头,也没有尾。小孩原本以为,毛毛虫会很快厌倦这种毫无用处的爬行而转向食物。可是,出人预料的是,那只带头的毛毛虫一直跟着最后面毛毛虫的尾部——它失去了目标。就这样,这组毛毛虫沿着花盆边沿周而复始地爬了许久,而没有注意到附近的食物,最后都饿死了。

　　仔细想想,不少人不正像这些毛毛虫一样吗?他们聪明、智慧、有活力、有激情,可就是没有明确的目标,由于没有目标的指引,他们失去了人生前进的方向,时而向东,时而向西,把自己的精力和智慧浪费在了盲目的行动之中。

所以，不论你是经营小店铺，还是领导大企业，在面对团队成员时，你都需要这样的决策力——要明确提出公司及团队的目标，让大家都怀有共同的梦想和希望，并能够通过"目标"有效地协调个人的行为。

我们必须做什么？我们该怎么做？这就是决策的意义。一般情况下，大多数人在进行团队建设时，觉得为团队确定目标还是相对比较容易的。但是，建立一个正确的、可行的，而且能令下属们兴奋起来的"目标"，往往就不是那么容易的事情了。因此，为将者必须把握两个要点。

第一，重视下属的不同心态。

一条猎狗跟随主人去森林里打猎，猎狗一直在追赶兔子，但追了很久，它仍没有抓到兔子。主人看到此种情景，讥笑猎狗说："你居然还没有一只兔子跑得快啊。"猎狗回答说："我们两个跑的目的是完全不同的！我仅仅为了一餐饭而跑，而它却是为了性命而跑呀。"

这则寓言揭示了一个道理：在团队管理中，不同成员的目标是不一致的。目标不一致，导致其动力也会不一样，从而导致出现不同的工作状态。例如，项目主管直接承担项目责任，往往会保质保量地完成项目目标；项目成员可能是打工心态，我干一天，就有一天的工资，往往就会消极怠工。

因此，为将者在制定目标时要善于发现不同下属的不同心态，理解他们的需求等，使团队成员之间形成共同的信念和一致的目标，以便让团队成员同心同德，为达到共同的目标而齐心协力。

第二，目标要切实可行。团队目标的设立一定要切实可行，讲究科学性。目标定得太高，多数下属很难做到，他们就会觉得目标不太现实，容易打击大家的士气；目标定得太低，谁都能轻易做到，又很难起到激励人的作用，难以让下属产生工作激情以及获得成就感。

研究表明，最佳的目标是具有一定难度的目标，它是既能激发和拓展人的能力，又能通过努力达到的目标。让参与挑战的人完成目标时既能获得物质奖励，亦能收获精神上的巨大成就感。

鼓励所有成员参与决策

做决策，是为将者的一项重要工作。众所周知，企业决策与其每一位成员密切相关，直接影响到各成员的实际利益，它决定了各层工作的性质。所以，为将者在做决策时一定要慎重，且不可把做决策当成是自己一个人的权力。

现实工作中，不乏一些独断专行、拍脑袋决策的领导，他们往往把别人的意见当作是对他们权威的挑战和对其权力的干涉。虽然凭借自己的决策力，他们也许也可以做出科学的、明智的决策，但这往往也会造成一言堂、家长式领导的局面。

做决策并不是为将者的专权，鼓励所有员工参与决策是一种民主做法，往往会让你赢得下属的心。而且，集合众人的智慧和意见，取其精华后，做出的决策往往会更正确、更科学、更可行。

在工作中，几乎每个人都有过这样的体会：当一个人独自研究一个问题时，可能思考了多次，但往往是同一个思考模式。如果拿到集体中去研究，从他人的发言中，也许一次就可以完成自己多次才完成的思考，并且他人的想法还会使自己产生新的联想。

楚襄王做太子时曾在齐国做人质，其父怀王死了，他趁机向齐王提出要回楚国。齐王提出，只有割让楚国东地500里，才放他回去。无奈之下，楚襄王答应了下来，以做缓兵之策。楚襄王回到楚国后，即位为王。这时，齐国立即派人来楚国跟楚襄王索取其东地500里的土地。

楚襄王心想："我能够离开齐国回到楚国来办父亲的丧事，又能和群臣再次见面，使国家恢复正常，是因为我答应了给齐国割让东地500里。现在，齐国派使臣办理交接手续，这可怎么办呢？"他想了一会儿，仍不知对策，便将情况说给了诸位大臣，请求大家各抒己见，以求对策。

昭常说："不能给。所谓万乘大国，是因为土地的广博才成为万乘大国的。如果要割让东地500里，这是割让了楚国的一半啊！这样，楚国虽有万乘之名，却无万乘之实了。所以，我说不能给，我愿坚守东地。"

"我觉得应该割地。"上柱国子良说，"大王不能不给，您说话一字千金，既然亲口答应了，却又不肯割地，这就失去了信用，将来，您很难和诸侯各国谈判结盟。"

景鲤说:"不能给。不过,既然您亲口答应了强齐,现在又不给割地,齐王必定会恼羞成怒,率兵前来讨伐。以楚国目前的实力,恐怕不能单独守住东地,我愿去求救于秦国。"

楚襄王听了大家的意见后,斟酌再三,说道:"我认为子良、昭常和景鲤的意见都好,但不知究竟哪个更好,我决定一并采用。"

他先派遣上柱国子良带上兵车50辆,到齐国去进献东地500里;在派遣子良的第二天,任命昭常为大司马,要他去守卫东地;在派遣昭常的第二天,派景鲤带领战车50辆,往西去秦国求救。

结果怎样呢?子良到了齐国进献东地500里,齐王接受了这500里,却见昭常的人马在守卫东地。昭常宣称誓不让出土地,齐王大怒,便大举进攻东地,讨伐昭常。当大军还未到达东地边界时,秦国已经派了50万大军进逼齐国的西境。齐王害怕了,便请求子良去告诉楚国,退回东地500里,两国讲和,从而解除了齐国的战祸。

面临齐国的胁迫,楚襄王集思广益,几乎采纳了所有人的意见,并在整体上将他们的提议重新进行了排列组合,最终在不失信的前提下也保住了国土,维护了国家的安全。

再高明、再智慧的人,也不可能全知全能,不能单靠自己就能制定出一整套干大事业的行动方针。所以,将在做决策时一定要听取下属提出的建议。每个人有不同的立场、角度和思路,让众人献计献策、畅所欲言,然后认真地思考分析,再将众人的观点集合起来,进行归纳和整理,得出的往往就是良策了。

美国通用公司的总裁杰克·韦尔奇曾说:"企业的每一个人都应当对他的领域负起责任,而不是只等 CEO 发号施令。如果所有的想法都来自 CEO, CEO 告诉每一个人如何做每一件事的话,这样的企业就很难取得较为长远的发展。"

通用电气公司产品种类繁多,自 1878 年创立后,通用电气公司发展迅速,一度是世界上最大的电气设备制造企业。但到了 1980 年,企业的发展却遇到了困境,就在这个危急关口,年仅 44 岁、出身于一个火车司机家庭的杰克·韦尔奇上任为董事长和总裁。

上任后,杰克·韦尔奇进行了一系列改革,其中最重要的一条就是宣布——"通用电气公司是一家没有界限的企业,每一位员工要毫无保留地发表自己的意见和建议。"

为了实践这种"集思广益"的企业文化,讨论会成为了通用电气公司日常性的活动,随时都可以根据需要举行,参与人员也从员工扩大到顾客、用户和供应商。而且,平时在工作中很少有机会接触的不同岗位、不同阶层的职员,在这些会场针对某些问题进行研究,提出不同的建议和要求,又当场在可供选择的方案中进行利弊分析,选择最优方案加以实施。

对此,杰克·韦尔奇说:"通用制作发动机、电影,生产医疗设备,制造塑料产品,大家想一想,在这么多的领域,如果让我来告诉大家怎么做发动机、怎么做塑料产品、怎么制作电影,做出来的产品一定特别差,肯定卖不动这些产品。因此,我一定要用集思广益来促进新思想和创造力的出现,事实会证明这一策略很奏效。"

果然,"集思广益"的讨论会让员工广泛参与管理时,他们感到自己的观点和意见受重视了,智慧的火花不断地迸发,带来了明显的效益。也正是这种"集思广益"的活动,推动着企业的高层管理者必须更多地去放权,更多地去听取意见。很快,通用电气公司便走出了困局。他们必须信任别人,也必须被别人所信任。当然这并不十分容易。

所以说，只有集中众人的智慧，遍采众人的长处，方可成事。

永远保持危机感

无论是个人还是组织，在发展过程中，都不可避免地会出现或存在很多危机，而这些危机能否能及时得到解决，决定着企业的生死存亡。对于一个将才来说，就要对可能出现的危机有充分的准备，制定应对危机的决策方案，做到防患于未然。

不过，危机并不总以显性的面目出现，更多的时候它是潜藏在你的周围的，而且不知道什么时候就会爆发。如果你对这些潜在的危机苗头视而不见，那么，当危机突然出现时，你很难在短时间内做出正确的决策。

美国一所大学曾经做过一个有名的"青蛙试验"。在试验中，试验人员把一只活蹦乱跳的青蛙投入热水锅中，青蛙马上就感到了危险，立即跃身跳出了热水锅。试验人员又把该青蛙投入冷水锅中，然后开始慢慢对锅中水加热。

水刚刚温热时，青蛙悠哉游哉，毫无戒备。随着加热时间变长，锅里水的温度逐渐升高，而青蛙在水温缓慢的变化中却没有感到危险，最后，这只青蛙竟活活地被煮死了。

类似的情况也常常发生在人类身上。例如，在美国家乐食品公司身上就曾发生过这样的危机。

家乐食品公司首创的早餐麦片在当时的美国引发了一场消费麦片的社会潮流。其后，家乐食品公司以它的质量有保证、供货稳定，在美国市场傲视同行长达二十多年，其地位无人可匹敌。到了20世纪70年代末，人们不再仅仅满足于单一口味的麦片，但家乐公司却没有注意到这种变化，也没有采取适当措施来应对这种新形势。而这时，家乐的竞争对手通用食品公司却立即进行了充分的市场调查，了解了新的消费群、新的消费口味，并有针对性地推出了多口味、多品种、多类型且价格便宜的麦片。这无疑给毫无防备的家乐食品公司迅猛一击，在毫无准备的情况下，家乐公司的市场占有率从过去的80%以上急剧下降到38%，导致公司在营销、财政等方面深陷危机。

"蛙死温水"的现象和家乐食品公司败北的例子道出了缺少危机感的危害性，这说明在一种渐变的环境中，如果你不能保持清醒的头脑和敏锐的危机感，当你感到环境的变化已使你不得不有所行动时，行动的最佳时机早已错过，等待你的只是悲叹、遗憾和无法估计的损失。

"预防是解决危机的最好方法"，这是英国著名的危机管理专家迈克尔·里杰斯特的一句名言。从某种意义上说，这句话足以成为为将者在面对危机时所遵循的原则——防患于未然、未雨绸缪、超前预防，这是处理危机最简单、最快捷、最见效的决策。

是的，危机的变化是渐进的，它年年、月月、日日，甚至分分秒秒地渐进，犹如从很缓的斜坡滑下来，慢得不易让人感知和察觉到，做到"未雨绸缪"并不是一件容易的事。但越是这样就越需要提高警惕。

危机是客观存在的，但不易掌控；而对危机的预防却是主观的、能动的，是决策者完全可以掌控的。如何成功地处理危机，如何对危机有所防范，这是为将者必须具备的能力。

比尔·盖茨是一个危机感很强的人，当微软利润超过20%的时候，他强调利润可能会下降；当利润达到22%时，他还是说利润会下降；当成为世界第一时，他仍然说利润会下降。他总是告诫他的员工："不论产品多棒，我们的公司离破产永远只差18个月。"这种危机意识正是比尔·盖茨成功、微软发展的原动力。

作为一个企业的掌舵人，带领企业在得失的激流中航行，当危机出现时，一定要首先战胜自己的恐惧心理，以便沉着、冷静、有效地把控时局，从长远的角度对所遇到的问题进行分析和处理。

不过，预防危机有一定的难度，因为危机的先兆可能很微小，非常容易被忽略；也可能它看似与自身没有关联，因而觉得与自己无关。所以，为将者还要学会见微知著，科学分析，做出事前预测和判断，从而将危机消灭在萌芽状态。

在进行决策的过程中，一个优秀的将才会时刻提醒自己：要有危机感，要居安思危。他们往往能站在全局的高度审视危机，当周围的事物有所变化时，会敏锐地察知，然后根据事物的变化进行具体分析，及时、果断地做出相应的对策，从而立于不败之地。

外界的危机并不可怕，可怕的是对危机时的麻木不仁和茫然无措，不去做任何应对的准备。身为将者，就应该树立未雨绸缪的意识,对可能发生危机的各个领域和环节做出事先预测和分析,从而对各种变化做出快速反应,这尤为重要。

将负面变局化为正面转机

每个人的生活中都会出现危机,一个合格的为将者,往往会对危机有所准备,有从容面对的态度,这对于危机的解决尤为重要。同时,他不仅会以冷静的态度去面对危机,而且会灵活地加以处理,及时创造有利条件,将危机转变为"契机"。

明朝永乐年间,著名工匠蒯祥奉旨负责皇宫的改建事宜。一个雷雨交加的夜晚后,蒯祥第二天早上来到工地,他不禁大吃一惊:已接近完工的宫殿大门槛的一端被人偷偷地锯短了一段,更糟糕的是工期将至,且已经没有可以重建的材料了。此事足以使人掉脑袋,旁人都暗自为蒯祥捏了一把汗,家人也劝蒯祥赶紧逃命去。但蒯祥知道抱怨或逃跑都是没有用的,唯有想办法弥补,消除危机才是最应该做的。

一番冥思苦想后,蒯祥忽然想出一个别样的办法:把门槛的另一头也锯短一段,使两头的长度相等;同时,可以在门槛的两端各做一个槽,使门槛可装可拆,成为一个活门槛。拆掉门槛后,轿子和车马可以直进直出,比固定的门槛更加方便。他还在门槛的两端各雕刻一朵牡丹花,既可以遮掩两端的槽,又能使门槛色彩鲜艳,显得更加富丽堂皇。不日,明成祖带领文武百官来验收时,对此设计十分满意,也对蒯祥大加赞扬,并对他进行了赏赐。

一夜之间,宫殿的大门槛被锯短了,这将蒯祥置于性命攸关的危机之中。幸好蒯祥没有慌乱绝望,而是通过灵活的应对方法,将门槛改成可装可拆的活门槛,化危机为机会。

以上不难得出一个结论:只要我们能够在危急时刻保持冷静,用心去捕捉危机中的转机,采取积极的行动,并挖掘自身的潜能,隐藏在危机中的契机自然而然就会显露出来,我们就很有可能巧妙地改变自己的处境,最终化"危机"为"转机",为发展自己赢取成功的机会。

这并非不可能,有一句古话叫"祸兮福之所倚,福兮祸之所伏",福祸是可相互转化的。而且,"危机"由两个字构成,其中,"危"是危险,"机"则是有机会在等着你。也就是说,危机并非是百分之百的危险,而是与机会如影随形的。

所以,在危机发生的时候,不要总用单一的方式去处理,适当地转变一下自己的思维吧,用心捕捉危机中的转机,从而寻找到更好的解决办法。

危机的机遇性在于:首先,危机可以暴露企业的弊端,方便了对症下药,为进一步发展清除障碍;其次,企业在危机中往往会成为公众关注的焦点,如果危机处理得当,可以比在常态下更有效地塑造企业的公众形象,提高企业的知名度和美誉度。

一天,在英国的麦克斯亚法庭上,一位中年女人声泪俱下,严词指责自己的丈夫有了外遇,要求和丈夫离婚。她向法官控诉道:"我的丈夫不论白天还是黑夜,都要去与'第三者'见面。"

法官问这位女人:"你丈夫的'第三者'是谁?"

谁知,女人所指的第三者不是另外一个女人,而是"足球"。原来,她的丈夫经常看足球,忽略了她的存在。面对这种情况,法官啼笑皆非,不知如何应对,只得劝说女人:"足球不是人,不能成为被告,要告你也只能去控告生产足球的厂家。"

不料,这位女人还真向法院控告了一个非常知名的足球品牌。这个足球品牌的负责人认为这场官司是一个非常糟糕的危机。不过,后来他头脑中突然灵光一闪,有了一个决策:他主动拿出1077英镑作为这位妇女孤独的赔偿费。面对此种情况,这位太太喜出望外,从而对这个足球品牌赞不绝口。

这场因足球引起的官司,在英国引起巨大的轰动,各路新闻媒体纷纷做出大量报道。一时间,这个足球品牌火遍全国。该品牌足球负责人在接受记者采访时说:"太太与其丈夫闹离婚,说明我们生产的足球品牌魅力之大,她的控词为我们做了一次绝妙的广告。"

没人愿意成为法庭上的被告,更没人愿意无端为此支付所谓的补偿,该足球品牌原本是遇到了一场意想不到的危机。但是,这位足球品牌的负责人却展现了其出众的灵活应变能力,因为思维的转换,他不仅没有让这场诉讼给自己的公司带来名誉上的损失,反而为品牌做了一次绝妙的营销活动。

试想，如果该足球品牌的负责人是一个"墨守成规"型的管理者，认为这位妇女无理取闹，对控告置之不理，或者以牙还牙，利用法律手段捍卫自己的权益，那么，即使最终企业能够赢得这场官司，也不会对其发展产生太大影响；若处理不当甚至还有可能得罪原有的顾客，得不偿失。

也许危机的发生出人预料，但是如何预防危机，并妥善处理危机，将危机化为转机，都是对为将者危机管理、决策能力的一种考验。

在工作中，为将者总会遇到各种各样的危机。在这个时候，你是否能展现出灵活多变的做事风格，最大程度地激发自己思维的火花？在面对危机的时候，只要你肯动脑子，从不同角度看待它、分析它，就会有有利于你的解决方法出现，从而从这次危机中获得一些意想不到的机会。

上情下达与下情上传通畅无误

某公司一直在主攻睡衣市场，近期打算大规模进军鞋类市场。于是，总裁指示营销部经理接下来的营销工作要转向鞋类，加大对鞋类产品的推销力度。该经理的下属正在全力推销睡衣，经理回来后，也没有特别提出对鞋类销售的要求，只是轻描淡写地说了一句，重点则是教育员工们做好工作，结果员工们谁也没往心里去。

半年后，营销部在鞋类市场上没有做出什么成绩，总裁非常生气，把营销部经理批评了一顿。营销部经理很委屈，对下属们大加指责："半年前，我就告诉你们，公司要进入鞋类市场。你们难道不明白吗？你们怎么把我的话当耳旁风，你们到底怎么工作的？"

员工们毫不客气地回答道："我们确实没有在鞋类产品上下功夫，虽然我们一直在销售它，但它并不是我们公司的主打产品。我们把精力集中在核心产品睡衣上有错吗？你开会时只是让我们加大推销力度，谁知道公司要全力进军制鞋业啊……"

如果员工不了解上级的真实意图，就无法让自己的工作重心跟公司的决策合拍，这样一来，整个企业的工作就很难做好了。很明显，本事例中该营销经理的工作没有做到位，结果导致员工不了解企业领导者的决策，工作努力的方向出现了偏差，这样的领导绝对称不上是将才。

曾经有人做过这样一个形象的比喻："一个企业犹如一个人，将才是连接头脑和四肢的脊柱。既要帮助企业传达上级的指令，又要指挥四肢，即基层有目的地选择执行途径、优化工作流程，将领导的意图和战略决策更好地贯彻到实际工作中去。"

这就意味着，要想成为将才，就必须要有吃透上情、摸清下情的本领。这就需要你抬起头掌握全局、开阔视野，能将宏观策略与实际工作紧密结合起来。同时，又要俯下身掌握实情，把基层情况摸准吃透，避免决策失误，提高执行的效能。

"将才"作为每个部门的领头人，在组织管理中非常重要，因为他上面连着更高一阶的战略管理层，下面联系着具体执行的操作层面，是一个很关键的枢纽环节。这里所说的上传下达，并不是简单地把上面交代的任务直接转给下级，也不是把下面人员做出来的成果直接呈报给上层，这不是将才所为，这只是一个传话筒和传令兵的角色。

那么正确的上传下达应该是怎样的呢？

作为高层，往往提出来的只是一个构想或者战略规划，并没有具体的措施。而对于下层的操作面来说，他们只是负责具体的操作，同样不会去制定措施。那具体的措施谁来制定？这就需要身处中层的各类将才们来制定。

中层要能够把高层的战略构想或者要求，拟定成具体的、可执行的方案，然后把这个方案移交给下属去执行。在执行的过程中还要对下属进行辅导、指导，并能够对方案运行的结果进行分析、判断，以确定是否能够达到高层的要求。如果达到了，把结果呈报给高层。如果达不到，也要把原因分析出来，连同结果呈报给高层，这样才是真正地起到了纽带的作用。如果你只是把高层的要求含糊地传达给下属，下属又无法准确领悟，他们该如何去做？结果也就可想而知了。

总而言之，作为管理中层的将才，要做到有效地上传下达，需要具备把高层的战略要求转化成具体可执行方案的能力，同时在下属执行这一方案时进行监督、辅导与指导。因为是全程参与，所以在这个过程当中也就对执行的结果有了准确的认识和判断，再将这一结果呈报给高层的时候，才能够做到有理有据，真实无误。

最后，如果高层认可这一结果，要将成果归功于自己的下属和团队，同时要向下属传达上层的相关意见，并总结可复制的经验，团队因此不断得到成长。

别轻易相信权威

面对来自外界纷繁复杂的信息，很多决策者会产生在大海中航行却失去罗盘的感觉——不知道该往哪里走。在这个时候，各种各样的富有权威性的观点以及权威人士的建议就成为了他们的"救命稻草"。但这样做出的决策就一定正确吗？不一定！

一位名叫福尔顿的物理学家，运用一种新的测量方法，测量出固体氦的热传导度，结果却比传统理论计算的数字高出500倍。福尔顿感到这个差距太大了，如果将它公之于世，势必会招来一大堆质疑、非议和指责。思来想去，他迟疑了——算了吧，便把这一研究成果放在了一边。

没过多久,美国的一位年轻科学家在实验过程中也测出了固体氦的热传导度,测出的结果同福尔顿测出的一模一样。与福尔顿的态度和做法截然相反,这位年轻的科学家很快将自己的测量结果公之于世。经过之后一系列反复的分析、测算事实证明,年轻科学家测量的数据是正确的,传统的那个数据是错的。结果,这位科学家立刻引起了科学界的广泛关注和赞誉。

此事发生后,福尔顿痛心疾首,他以追悔莫及的心情说道:"如果当时我摘掉名为'习惯'的帽子,那个年轻人就绝不可能抢走我的荣誉。"福尔顿的所谓"习惯的帽子"即对"权威"的畏惧。

对于福尔顿来说,这显然是一个悲剧。这个悲剧的发生,在于福尔顿习惯相信权威,认为他们的判断准确无误,不容置疑。而事实上,人非圣贤,孰能无过,即使是权威,在其认识的领域总仍有未知的地方,在理解的层次上也难免会有误差。权威并非真理!

因此,面对权威,决策者固然需要持一种尊重的态度,但绝对不能一味地相信,甚至近乎盲目地、机械化地一味服从。做决策的时候,一定要实事求是,相信自己的判断能力，只要站在真理的一边，就要敢于怀疑权威，更要敢于向权威提出挑战。身为一个团队的领军人物者更要如此。因为只有这样，才可能带领团队走向正确的道路。

有"股神"之称的巴菲特就是秉持着这一观念走向成功的。

巴菲特十几岁时就涉足了股市，他虽然年纪轻轻，却有着自己的投资理念。例如，投资者们对一些投资界权威人物的投资理论深信不疑，有的甚至已经到了盲从的地步。但巴菲特却认为投资没有放之四海而皆准的理论，在投资的时候不要被权威的意见所左右，要相信自己的判断能力、勇于挑战权威。他曾经说过一句玩笑话："如果一个人真的能够预测市场，那么，即使他只有1美元，也足以颠覆整个股市。"

在投资界，很多人最喜欢的投资方式就是以最低的价位购买股票，然后等到股价上涨的时候高位抛售，从中赚取差价。但是，巴菲特却不喜欢这种投资方式，他认为投资股票最关键的不是从中赚取差价，而是应该看这个股票有没有发展的潜力，放在手中还能不能继续增值，如果不能，不管股票价格多低，都没有购买的必要。所以，在投资之前，巴菲特总要先对投资企业有一个全面、彻底的了解，在确定这个企业符合自己的投资要求后，再考虑股票价格方面的问题。而且，只有当这两个条件都满足的时候，才出手购买，至于那些所谓的股市行情、专家意见，完全不在他的考虑范围之内，他只相信自己的判断。事实证明，这一投资方式使巴菲特稳赚不赔。

1963年，巴菲特将目光放在了一家服装厂上，却遭到了老师格雷厄姆的反对。格雷厄姆在投资界享有很高的声誉，他的理念对当时企业资产评估的方式产生了很大的影响，他认为这个厂家的产品并没有很大的竞争力，只是股票的价格比较便宜而已。但是，巴菲特却觉得这个理念存在缺陷，他认为格雷厄姆只看到了该企业的有形资产却忽视了其无形资产。与此相反，巴菲特看重了这家服装厂拥有的品牌价值。他认为虽然企业品牌属于一种无形资产，但它却能为企业带来非常丰厚的实际利益，所以毅然出手购买。为了达到能控股的目的，巴菲特在接下来的一段时间内不断地追加对该厂的投资。最后，这家公司的发展甚至超过了巴菲特一开始的预计，给他带来了十分丰厚的回报。

巴菲特不盲目地相信权威，并敢于挑战权威的个性，使得他在投资的道路上越走越宽广、越走越顺畅，终于成为华尔街上叱咤风云的"股神"。华尔街对他的评价是："巴菲特之所以能够取得如此大的成就，他的自信和胆识起了决定性的作用。他不仅能将老师格雷厄姆创建的理论运用自如，更难能可贵的是，他有勇气挑战权威，并将自己的判断付诸实际行动。"

要相信自己的判断，不迷信所谓的权威，讲究实事求是，这正是巴菲特成功的秘诀。要想成为一名将才，就要学习巴菲特敢于挑战权威的勇气。对于专家的意见，除了虚心学习外，更要大胆地超越，这样才能不断增强自己的能力，超过前人，最终取得辉煌的成绩。

但切记，"真理往往掌握在少数人手中"这句话。卓越者开始总是曲高和寡。在挑战权威的过程中，要忍受不被人理解的困扰，要经历残酷的身心考验，就像凤凰必须在烈焰中重生一样，需要你始终相信真理，以足够的智慧、魄力和勇气去面对权威。

掌握行业发展现状及趋势

据说，20世纪20～30年代，英国乡村有一套牛奶配送系统，能将牛奶顺利送到顾客门口。这时候，附近的山雀和知更鸟常常毫不费力地在顾客开门收取牛奶前先一步享用牛奶。

为了防止牛奶被鸟儿偷喝，牛奶公司把奶瓶瓶口用铝箔封装起来，山雀和知更鸟便不再拥有这种"免费早餐"了。但到了20世纪50年代初期，当地的所有山雀居然都学会了啄开铝制瓶盖，继续享用它们喜爱的牛奶。知更鸟却没有学会啄开铝箔的本领，也就再也没有喝到瓶装牛奶了。

动物的生存状况如此，一个企业、一个人的生存发展也是一样的道理。时代在发展，社会在进步，每个行业都有自身发展的规律，在不同的经济发展时期，为将者要不断地学习，根据行业的发展趋势做出相应的调整，使自身及企业赶上时代的步伐。

相反，如果一家企业、一个人像知更鸟那样，不注意观察、分析周围的环境和自己的处境，不会依据环境的变化及时地调整自己的决策，墨守成规，亦步亦趋，那么即使你拥有再强大的实力，也会被时代所淘汰。

柯达曾经伴随着一个时代的人成长，那句"分享此刻、分享生活"的广告词更是给无数人传递了温暖和感动。

黄黑相间的柯达冲印店标志牌曾遍布大街小巷，是名副其实的感光胶圈品牌老大。在柯达的全盛时期，在全球拥有15万名员工，和今天的谷歌实力相当。

但现在，柯达已经消失在了我们的生活中了。

曾经有着一百多年辉煌历史的柯达，是被谁打败的呢？其实它没有对手，它是被自己打败了，被自己不做创新、不思进取、不问时代技术变革的骄傲之心打败了。

在1975年，柯达发明了数码相机，但是由于技术不够成熟，数码相机成像质量差，像素极低，难以大范围推广和使用。再加上当时的电脑和互联网还未普及，数码相机的实用性极低。很快，柯达放弃了还在襁褓中的数码相机，继续集中精力放在了传统感光材料的研发上。柯达放弃了数码相机，等于放弃了一个新时代。柯达没有看清楚未来的发展趋势，在接下来很长的一段时间内，依然在传统胶片的研发销售上无法自拔。

柯达并不是没有创新的意识,只是自己的胶卷行业太过于庞大,利润极高,是公司利润的主要来源。这令柯达忽略了对于创新的追求。在逆境中求生存,在顺境里求死亡。正是因为柯达由于自我意识太过于强大没有了那份危机意识,才导致了后来的破产。

柯达也曾尝试过进入计算机影印业务,但是柯达没能够将其形成规模,而是继续依赖老品牌和老品类,没有设法通过创新创建一个新产品或者服务的新品类。

尽管柯达一直想着转型,但迟迟没能做出有效的改变。到了互联网时代,一日千里的迭代速度将柯达远远甩在了后面。柯达的故事,是一个潜力丧失的悲剧。这家具有代表性的公司拥有人才、金钱,原本可以完美转型。然而,短视与墨守成规让其最终沦为时代颠覆性变化的牺牲者。

一个对事物缺乏审时度势眼光的人,则很容易被眼前的局势所蒙蔽。

有一句话说:"不识势,就不配做领导。"可以肯定,对事物的形势和发展趋势做出正确的判断和预测,积极地为企业出谋划策，从而把握市场的"风向标"，是每一个为将者应该做好的事情。做好这一点，不仅可为企业赢得竞争优势，也会促成一个人的成功。

识势，就是审时度势，即站在更高的位置上，以统筹全局的眼光，对有利的形势加以利用。大多时候，成功的将才就是善于利用形势，通权达变，顺应时势罢了。我们常说"时势造英雄"，如果不是时势将他们推向历史的舞台，他们又怎能成为英雄呢？！

"美国钢铁大王"安德鲁·卡内基成功的秘诀就是顺应形势而为。

美国南北战争时期，战争使铁路桥梁屡屡被毁，需要及时地对这些铁路桥梁进行补修重建。见此，年轻人安德鲁·卡内基打算成立一个铁桥建设公司。好多人劝卡内基说："建公司需要投入大量的资金，你现在的工作收入不错，干吗要去冒险呢？你是放着好日子不过，自找罪受。"但卡内基并没有因此而改变自己的决定，他四处筹集资金，很快就建立了一个铁桥建设公司。那时候，由于专门从事铁桥建设行业的公司很少，卡内基的公司挣了大钱。

正当卡内基的事业红火之时，他却放弃了苦心创建的铁桥建设公司，决定在钢铁领域开拓自己的事业。这一决策又让许多人不理解，他们认为卡内基太不自量力了，这么好的事业不去继续开拓，反而舍弃掉现有的胜利成果，改行做别的，让一切重新发展，他一定是被成功冲昏了头脑。但卡内基却不以为然，他态度坚决地说："美洲大陆现在是铁路时代、钢铁时代！需要建造铁桥、火车头和铁轨，钢铁生意将是一本万利的。"

铁路造得越多，对生产和经营钢铁者就越有利。为了掌握钢铁技术和先进的经营方法，卡内基毅然放下手头的一切，到欧洲做了长达280天的考察。在考察中，他参观了钢铁研究所，买下了工程师道兹兄弟的钢铁制造法的专利，还买下了焦炭洗涤还原法的专利。回国后，卡内基迅速行动起来，全力向钢铁王国进军。1868年，卡内基建立了联合制铁厂。正如他预测的那样，铁路公司正在用钢轨调换铁轨。没多长时间，卡内基的公司几乎垄断了美国的钢铁市场，他一下子成为美国第一代"钢铁大王"。

在残酷的市场竞争中，谁能关注行业动态，把握了市场"风向标"，谁就能掌握走向成功的主动权。卡内基之所以能够取得巨大成功，在于他不满足于现状，时时关注最新的市场变化，并注意分析整个市场的走向，适时地调整经营决策，顺势而为。

当然，任何事物的状态都不是一天形成的，而是一点一滴逐渐累积而成。这也意味着，关注行业的发展动态是一个需要长期学习和积累的过程，一定要保持客观、冷静的态度，千万不可操之过急。

在深谙趋势的基础上造势

"激水之疾，至于漂石者，势也；鸷鸟之疾，至于毁折者，节也。故善战者，其势险，其节短，势如扩弩，节如发机。"这是《孙子兵法》里一段有关"造势"论述。意思是说，善于用兵打仗的人，他们造成的态势十分险峻，他们抓住的时机总是非常短促。

一个人如何形成良好的影响力？很简单，就是在把握现状的基础上，凭借自己的智慧和力量，通过各种途径和方法，创造出有利于自己的态势、格局和趋向。为竞争赢得主动，为取得胜利创造条件。

一位穷困潦倒的年轻人想开一家公司，需要10万美元的资金，他手头没有钱，亲戚朋友也不肯借钱给他。怎么办？年轻人想到了到银行贷款，尽管他的态度诚恳，但他又被拒绝了，毕竟10万美元不是小数目，而他的担保条件不够，且银行担心他没有信誉。

就此，年轻人放弃了开公司的念头了吗？不！他想出了一个办法。

这天，年轻人又走进了银行，"你好，我想贷点款。"

"可以，不知您准备贷多少呢？"银行人员问道。

"10美元。"说着，年轻人拿出自己的一件衣服，放在柜台上，认真地说道，"我只贷10美元，而且我只贷一个月，这件衣服做担保够了吧？"

"好吧，"银行人员回答，"请办理手续。月息为5%，只要您付5%的利息，且在一个月后归还贷款，我们就把这件衣服还给您……"

一转眼，一个月过去了，这个年轻人如期又来到银行，他拿出了10.5美元，对银行人员说："今天我就是来还这10美元的，你把之前我抵押在这儿的衣服还给我吧。"

不仅如此，年轻人以后每月都会前来银行贷10美元，每月月底又如期归还银行10.5美元。就这样过了差不多一年的时间，年轻人再一次走进了银行，"你好，我想贷点款，这次是10万美元，而且我想贷1年。但实话实说，我没有足够的东西做担保。"

银行里的工作人员议论纷纷，"我知道他，他经常在我们这里贷款，还款总是很及时的。""对，这是一个很讲信誉的人，我可以担保，他这次也一定会如期还款的。""是的，我也相信。"……就这样，这次年轻人从银行成功地贷到了10万美元。

一个穷困潦倒的年轻人如何成功贷到了10万美元？看了上面这个故事，我们就会明白其中的道理，这个年轻人开始时只贷10美元，而且总是能如期归还，这就给银行方面留下了"诚信""值得信赖"的良好印象，为自己最终贷款10万美元做好了铺垫。

古人云："善弈者谋势，不善弈者谋子。"今人说："三流领导做事，二流领导做市，一流领导做势。"一个明智的领导者会在决策时审时度势，执市场之牛耳，把方向握在手中，最终立于不败之地。

美国人艾雷克就是一个深谙造势之道的人。

艾雷克是美国的一位橘汁生产商,刚进入这个市场时,他对这个行业充满了信心,但很快他就发现了一个问题:橘汁味道好、热量低,是天然的健康产品,橘汁也逐渐成了公众的早餐食品,并且美国人只在早餐的时候才喝它,这一习惯坚持了很长一段时间。但这样一来,橘汁市场就会很小,并且几乎处于停滞的状态。

很多的橘汁生产商对此一筹莫展,只好坐以待毙。但艾雷克却认为,什么时候喝橘汁,不应该由消费者选择,而应该由生产商来决定。生产商如何来决定呢?这就需要向公众灌输一种新的观念,让橘汁作为一种天然的、健康的饮料进入饮料市场,而不再是早餐的时候才喝的早餐饮料。改变了人们这种生活习惯,橘汁也就能扩大产销量了。

为此,艾雷克呼吁所有的橘汁生产商采用了这样的广告口号:"它不再只是吃早饭时饮用。"第一批电视广告针对的是年轻人,广告中的形象是一位运动员,他运动完之后饮用橘汁;第二批电视广告针对的是上班的员工,广告中的员工在午饭时饮用了橘汁;第三批电视广告针对的是老年人,广告中展现了花园中的少女和老祖母在休息时饮用橘汁的场面。三个广告主要是强调了橘汁是一种天然的和有益于健康的饮料,在广告画面中做了这样一种引导:

橘汁不只可以在早餐时间饮用,在其他时间饮用也是可以的。

　　健康的广告定位打动了很多美国人,许多关心健康和食品营养价值的美国人经过比较,发现碳酸盐化合物的饮料是一些既没有热量也没有营养价值的东西,而咖啡则含有咖啡因,对身体健康同样没有什么好处。这时,人们发现只有橘汁才是天然富有营养的,可以使人"身心爽快",而且,它并不是只有早餐的时候才能喝,是一种"在任何时间都可饮用"的健康饮料。于是,大家便纷纷转向购买橘汁。就这样,通过这几次广告营销,橘汁由只有部分美国人当作早餐的饮料,变成了一种健康的普及性饮料,于是,橘汁的市场被大大扩大了,销量也有了成倍的增长。

　　高明的将才并不是一味地把自己的力量拼到极限,而是通过一定的方式和手段造成有利于己的态势,就像将水从万丈高山倾泻下来那样,形成排山倒海般的力量,最后战而胜之。

　　需要注意的是,"造势"是一个由"点"到"面"的持续过程,要想通过"造势"取得成功,你一定要学会整合有限的资源,审时度势地制定正确的策略,然后按照既定部署,在指定时间内集中发力,以便在短时间内由弱转强,协助自己取得成功。

第 11 章
将才如何提升执行力

卓有成效的将才型人才都知道，一项决策的前期设计固然重要，执行得如何却更为关键。执行力的高低，不在于做了什么，而是做好了什么。这个"好"有两种途径——全力去冲，没有借口；分解任务，适当指挥。

以实干取代空谈

对于一个将才来说，工作做得好不好，正确的决策固然重要，但能否如实地执行更为重要。将一个好的决策付诸实践，认认真真地执行下去，远比空想出 1000 个好主意要有价值得多。这正是成功者与失败者的区别，也是为将者与普通人的区别。

战国时期，赵国有一位将军叫赵括，他是赵国大将赵奢的儿子。赵括自幼就熟读兵法，谈起军事谋略来滔滔不绝，别人往往都说不过他，因此他很骄傲，自以为天下无敌。但赵奢很替儿子担忧，认为他不过是纸上谈兵，并且经常说："希望将来赵王千万不要用赵括为将。不用他为将就罢了，一旦用他为主将，将会导致重大失败。"

公元前259年，秦军侵犯赵国，廉颇将军负责指挥全军。后因廉颇年事已高，赵王任命赵括为赵国20万大军的军事主将，那时赵奢已经去世。赵括无实战经验，却自认为自己很会打仗，代替廉颇为将以后，死搬兵书上的条文，只知纸上谈兵，不晓实战指挥，结果使赵军粮道断绝，困于长平。最后，20万赵军尽被秦军歼灭，赵括也被秦军箭射身亡。

赵括将只知纸上谈兵，不晓实战指挥，给赵国造成了重大的损失，这是一个空谈误国的典型。试想，如果他能够一步一步脚踏实地，在战场上磨炼自己，将自己丰富的兵书理论和战斗实践相结合，或许能成为一代名将，而不会落个"纸上谈兵"的千古笑柄。

回想一下，在每天的工作中，你是否因为不敢、不愿执行，而导致很好的决策没有取得成效？

话说得最多的人，不一定是事做得最多的人。雷声虽大，如果雨点太小，也只是虚张声势。行动胜于空谈，实干才是最真实有用的。所以，如果想成为一名将才，就不能把自己的主要精力放在理论、空想甚至喊口号上，要力戒夸夸其谈和形式主义，而要脚踏实地真抓实干，认真践行行胜于言。

数学家华罗庚曾说过："树老易空，人老易松，科学之道，我们要诫之以空，诫之以松，我愿一辈子从实以终。"其实，何止是科学之道，为将之道更是如此。美国ABB公司董事长巴尼维克曾明确提出"成功5%在战略，95%在执行"。少空谈，多做事，能实干，能行动，这是实干精神，是求实态度，也是将才执行力的体现。

一家企业不幸破产后，被另一家集团收购。企业里的员工都翘首盼望着新的领导能给企业带来令人耳目一新的管理方法。开工大会上，新领导诚恳地说："我只有一个要求，那就是把先前制定的制度坚定不疑地执行下去，将所有的规章制度执行到位。"

这是什么管理方法？员工们有些大惑不解，甚至有些人还很失望，认为这个企业没有什么前途了，新领导却提醒大家："执行吧，试试看。"什么都没有变：制度没变，机器设备没变，员工也没有变。令人意想不到的是，不到一年时间，企业就扭亏为盈。

我们知道，目前很多企业的经营理念和战略大致都是相同的，但效益却大相径庭。比如，同在笔记本电脑行业，唯有苹果公司在全球市场上独占鳌头；都是市场行业，唯有沃尔玛雄踞零售业榜首。这其中的关键就在于执行力。

古人言："吾尝终日而思矣，不如须臾之所学也。"行动胜于空谈。一个人，只要你具备真抓实干的习惯和良好品质，善于把口号变成实际行动，脚踏实地地去努力奋斗，用实际行动去实践已定的工作计划，就能取得属于自己的辉煌成就。

行动胜于雄辩，行动可以改变世界，而雄辩却不能。如果想要在工作中取得某种良好的改变，就必须采取某种现实而有目的性、针对性的行动。有了好创意，一定要身体力行地去做好它；有了好想法，一定要脚踏实地地去执行它。

以有效执行力获得员工认可

战国时期，秦国派出大军攻打赵国，包围了赵国的都城邯郸，赵国万分危急。赵孝成王要相国平原君出使楚国，想办法争取联楚抗秦。出发之前，平原君打算从手下3000门客中挑选20个文武双全的人一起去楚国。挑来挑去，他只挑中了19个人，还缺1个人。

正在这时，一个坐在末位的门客主动站了起来，用坚定的语气自我推荐说："我叫毛遂，到府中3年了，我来当这最后一个吧！"在门下3年了，自己却没听说过，平原君认为这是毛遂没什么才能的缘故，想拒绝。毛遂却说："只不过平日没用得到我的地方，现在到时候了，我的整个锋芒都会露出来。"平原君见毛遂出言不凡，于是同意带他一道前往。

出使楚国后，平原君与楚王谈判，从早上一直谈到中午也没有结果，毛遂便主动走上前，把出兵援赵有利于楚国的道理，作了精辟的分析，说得楚王心悦诚服，答应马上出兵援赵。毛遂促成了楚赵之间的联盟，挽救赵国于危难之中，建立了不朽功绩。回赵后，毛遂被平原君称赞道"三寸之舌，强于百万之师"。

毛遂从主动向平原君请求出使楚国，到凭借自信和勇气、凭借胆识和智慧，促成了楚赵抗秦联盟，挽救赵国于危难之中，淋漓尽致地展现了自己的才干。也正因为此，他从千名门客中脱颖而出，并得到重用，从一个普通的门客摇身一变成为了君王身边的大功臣。

毛遂自荐的故事告诉我们，千里马常有，而伯乐不常有。一个人的才能并不是到哪里都能得到赏识的，如果你认为自己有才干，那么就不要总是等着别人推荐，不妨自己主动站出来，为自己争得显露才华的机会。

当今社会发展迅速，竞争日益激烈，如果身为领导者却无所作为，在面临机会时犹豫不决，畏首畏尾，下属就没有机会见识你的能力和才华，也就认为你是个平庸的领导者，那么谁会甘愿听从你的领导呢？

需要指出的是，主动展示自己并不是"出风头"。"出风头"只是用一些花哨的东西来骗取他人的赞赏的行为，往往会被别人看透、揭穿，有时甚至会自取其辱。领导者必须要通过真才实干以及强大的执行力来展现自己的能力，以实际行动赢得下属的认可、支持和拥戴。

20世纪30年代的一场经济危机，使美国危机丛生，美国的经济甚至到了崩溃的边缘，失业、破产、倒闭的消息不绝于耳，街上随处可见乞讨者和四处横行的强盗、小偷。当时罗斯福刚刚上任，面对如此严重的经济及社会危机，他心中亦忐忑不安，但是他清楚，自己必须站到最前面，他说："我是总统，如果我不站在前面，将对这个国家更加不利。"

很快，罗斯福身着一身笔挺的新装，发表了一篇轻松、简短却充满力量的演说，他告诉人们："我们唯一害怕的就是害怕本身，如果不再恐惧，一切都可以改变！"他的演讲轻松中又带着坚定，并且充满了信心，让美国国民为之一振，大家对这个新上任的总统开始产生信心。接下来，罗斯福下令把街道打扫得干干净净，将破旧的建筑物重建或粉刷，社会秩序也明显好转，整个美国似乎获得了重生一样。然后，政府发布《联邦紧急救济法》，为饥饿的民众提供大量的救济物资，保证了民众的基本生存需要，稳定了社会秩序。

在局势稍微稳定下来后，罗斯福以闪电般的速度下达了几十条命令，强势推出了经济、改革和复兴主要方向的新措施，连续推出了《农业调整法》《全国工业复兴法》，以振兴工业与农业；颁布《紧急银行法》，通过大量规范金融投资的法令来改善金融环境；创造大量的工作岗位，提高工人的最低工资标准……罗斯福所采取的一系列新政，硬是把经济倒退的巨轮逆转了过来，让整个国家慢慢从慌乱中稳定了下来。他也因此获得了各方的赞誉、赢得了国民的支持，并被赞誉为美国最伟大的总统之一。

罗斯福为什么可以获得国民的支持，连任两届总统？可以说，这与他在经济危机时的突出表现密不可分，通过一系列的执行活动，他的公众形象迅速成为一个在国家危难时挺身而出、拯救整个国家的英雄人物，这种执行力淋漓尽致地体现了他的领导才能。

再好的产品，也需要好的营销；再优秀的人才，也需要好的推销。努力创造展示自己的机会，充分展示自己的能力和才华。当你的出色表现出乎人们的意料时，下属自然会对你刮目相看，从而心甘情愿地支持你，给你提供更多的成功机会。

是鱼就应跃龙门，是鹰就当搏击长空，是千里马就应驰骋千里！当然，对于你自身而言，每一次的主动带头都是学习新技能、获得新经验的机会，你都能从中快速丰富自己的工作经验，增长更多的专业知识，进而不断地改进自己的工作，让自己在一次次锻炼中不断成长。

巴恩斯十分希望能与爱迪生成为商业上的伙伴，可此时的他只能作为爱迪生手下的一名职员，每个月领固定的薪水。不过，他说："这虽然不是我要的，但我会等到成为爱迪生的伙伴为止。"在爱迪生工作室工作的几个月里，巴恩斯努力去熟悉自己的工作环境，了解爱迪生的思考模式及工作方法，并积极主动地对待手里的工作。

爱迪生发明的东西很多。一次，他发明了一个办公室器材——口述机，但是这个长相难看、市场对此相当陌生的机器非常难卖。巴恩斯深知这对自己是一个很好的机会，他表示自己有意销售这款产品，正愁产品卖不出的爱迪生欣然同意。接下来，巴恩斯开始拼命地推销口述机，他跑遍了美国各地的大小城市，最终使口述机得到了推广。由于销售工作做得相当成功，巴恩斯果断提出与爱迪生签订销售合同。

至此，巴恩斯终于成功达成了自己的目标：成为了发明家爱迪生的合伙人。

主动展示自己,这是获得提升、抓住机会的好方法。俗语说:"美辰良机等不来,艰苦奋斗人胜天。"如果每个人都能像巴恩斯一样主动地行动起来,积极地寻找机会,主动地创造机会,那么即使在平凡的岗位上,也能做出不平凡的成就,并影响和征服别人,获得他人的赞誉和尊重。

决不寻找借口

在实际工作中,每一个人都难免遇到这样或那样的问题。在问题面前,是勇于承担责任、迎难而上,主动积极地想办法解决,还是找各种借口为自己开脱或搪塞、拖延行动,反映了一个人执行力强弱的问题,也反映了一个人是否具备担当重任的能力。

"工作很难做,明天我再做吧……"

"我先玩会儿游戏,待会儿再工作……"

"这事不着急,有空再办……"

你是否经常说这样的话呢?如果一个人在执行中一遇

到问题就借口拖延，虽然可以一时推卸掉责任，但同时你也会失去一系列机会——你的才智得不到发挥，你的能力得不到提高，长此以往，你的执行力将大打折扣，以致于离自己心中为将的目标越来越远。

30多岁的苏淳是一家报社的主编，他才华横溢、思维敏捷，但工作作风懒散，工作的积极性不高，经常逃避责任，"时间太短了，所以我没有在规定的时间里把稿子做完……""这次的工作量太大了，我一个人应付不过来……"

有一次，报社下达了新的任务，苏淳又说自己一个人完不成，社长只好将任务一分为二，派苏淳的一个下属小马一起做。苏淳一直认为小马能力不如自己，但到了发稿时间，小马顺利地完成了任务，他却没有完成工作任务，最终影响了报纸的出报时间，损害了报社的声誉。

"苏淳，你要自己想办法弥补对报社造成的不良影响。另外，你明天也不用来上班了。"社长神情严肃地说道。

"社长，为什么？"苏淳问。

"你虽然能力很强，但作为主编，你却经常不能把自己的工作做好，而你的下属却能按时完成。我想提拔小马为主编，因为他是一个能够承担责任、值得信任的人。"社长回答道。

苏淳才华够、能力强，却不能很好地完成报社分配的工作任务。相反，小马虽然能力稍逊一筹，但因为其执行力很强，能出色地完成报社交给的工作任务，让报社负责人看到了自己强有力的执行力和负责的工作态度，最终走上了主编的位置。

可见，一个人能力有大小、水平有高低，但是能否成将，还要以执行力为前提。一个人总习惯找借口，即使学识再广、素质再高，也不堪大用。反之，一个执行力强的人，即使能力稍逊一筹，在实践中逐步提高，最终也能够担当大任。

如果你发现自己经常为没完成某些工作而寻找各种借口，为没能如期实现计划而辩解，那么现在是该面对现实、好好警醒的时候了。你要做的事情就是改变拖延工作的坏习惯，从今天做起，从现在做起，积极主动地做好自己当前的工作。

一位英国年轻人常常觉得工作使自己焦头烂额，他寝食不安，而且看不到一点成功的希望，他整个人都快要崩溃了。于是，他决定去请教著名的小说家瓦尔特·司各特。

一天早晨，年轻人前来拜访瓦尔特·司各特，他有礼貌地问道："我想请教您，身为一个全球知名的作家，您每天是如何处理好那么多的工作，而且很快就能取得成功呢？您能不能给我一个明确的答案？"

瓦尔特·司各特并没有回答年轻人的问题，而是友好地问道："年轻人，你完成今天的工作了吗？"年轻人摇摇头，"这是早晨，我一天的工作还没有开始呢。"瓦尔特·司各特笑了笑，说道："但是，我已经把今天的工作全部完成了。"

年轻人感到莫名其妙，瓦尔特·司各特解释道："你一定要警惕那种使自己不能按时完成工作的习惯——我指的是拖延磨蹭的习惯。要做的工作即刻去做，等工作完成后再去休息，千万不要在完成工作之前先去玩乐。如果说我是一位成功者的话，那么，我想这就是我成功的原因。"

千万不要再找借口拖延工作，如果你真想戒掉这种坏习惯，现在就列出你的行动计划吧！把握住每一分、每一秒，每天都保持一种时不我待的紧迫感，直到形成一种根深蒂固的习惯。

一个合格的将才，不会用任何借口来为自己开脱或搪塞，而是时刻要求自己：没有任何借口，这是对责任的承诺！责任就是对工作的忠诚和信守，责任就是出色地完成自己的工作，没有条件也不找借口，从不让拖延症击垮自己，进而把"不可能"变为"可能"。

美西战争发生后，美国必须立即跟古巴的起义军首领加西亚将军取得联系。加西亚将军在古巴丛林里——没有人知道确切的地点，所以无法写信或打电话给他。怎么办呢？相关负责人找来了一个名叫罗文的中尉，交给他一封写给加西亚将军的信，但没有给他送信的地点。

负责人原本以为罗文中尉会无功而返，毕竟在茂密的森林里寻找行踪不定的加西亚将军，不是一件容易的事情。具体该怎么做，就连他也不知道。但罗文中尉却没有找任何推脱的借口，他接受这个任务后，就立即出发了，徒步进入了危机四伏的森林。接下来的三个星期里，他四处打听加西亚将军的落脚地。最终，他成功地将信交给了加西亚将军。

责任面前没有借口，即使没有条件，也要创造条件执行并完成任务，这是为将者存在的根本价值。

如果你想成为一名将才，那么不管你从事什么工作，当某项工作的进展遇到麻烦或者结果不符要求时,你的第一反应是主动承担责任,坚持不懈地执行下去。这样,你就能做好自己的工作,赢得足够的尊敬和荣誉。

确定目标便不遗余力

在企业发展过程中,许多管理者习惯先琢磨好一条退路。未雨绸缪,万一失败了,也不至于太被动、太难堪。不可否认,事事留有余地,有利于有条不紊地行动,也可以增加成功的概率。

但问题是,人都是有惰性的,给自己留有后路,势必削弱执行的力度,容易在困难面前退却、妥协,这样退路就变成了绊脚石。例如,面对一个重要的订单,你若抱着"签了最好,签不了也有其他订单可签"的念头,有如此想法,签单时你的积极性自然就不会太高,以致于导致谈判失败而错失订单。

正因为如此,大多数勇敢的成功者认为给自己留好退路是弱者的行为,这意味着一开始便对自己和自己的前景缺乏信心。一个人若想取得梦寐以求的成就,就不要给自己留退路，而是要不遗余力地去执行，逼着自己去向成功的方向努力，这才是明智者的选择，也是将才的成功之道。

公元前208年，秦二世胡亥意图称霸列国，便派大将章邯率领20万大军北渡黄河攻打赵国。赵国哪里是秦国的对手，交战几次后，赵国的军队就被秦军围困在巨鹿，处境十分危险，赵王只好派使者前往楚国求救。于是，楚怀王封宋义为上将军，项羽为副将，率军两万人马前往救援赵国。可是，宋义担心与强秦决战会损伤楚军实力，行至安阳后，便令兵马安营扎寨，不再前进，一连46天按兵不动。项羽心急如焚，多次劝宋义迎击秦军，无果。

眼看军中粮草匮乏、士卒困顿，赵国又一再派人前来请求支援，而宋义仍旧按兵不动，项羽忍无可忍，进营帐杀了宋义，夺取了兵权，带领两万人马渡过漳河，并占领了河岸。听说楚军渡河了，章邯领兵大举前来迎战。项羽见秦军人马众多、士气正盛，要打败强大的秦军，就必定要想出一个好的战法才行。于是，他命令士兵们把渡船统统凿穿，沉下水底；烧掉自己的营房，又把行军煮饭的锅全部打碎，每人只带着三天的干粮。

项羽义正词严地对将士们说:"秦军的人马是我们的10倍,打仗时我们只准进,不准退,要和秦军血战到底!"将士们看到锅砸了、船也沉了,全军一点后退的余地也没有了,只有拼死一战才有生路!因此,将士们人人都抱着进则生、退则死的决心,拼命向前。楚军以一当十、喊声震天,锐不可当,最终大破20万秦军,救了赵国。

两军相遇勇者胜,项羽用破釜沉舟的办法断了将士们的后路,抱着必死决心的楚军只能义无反顾、勇往直前,最终取胜。假设项羽没有"破釜沉舟",那么楚军面对强大的秦军时,很可能会举棋不定,甚至为了求生有逃走的念头,战斗力自然下降,历史恐怕要重新书写。

可见,一个人如果具有不留后路的勇气和全力以赴的气魄,那么他必然会坚定不疑地朝着自己定下的目标迈进,将自己的勇气和潜能全部激发出来。

当然,提倡为将者"破釜沉舟",并非一意孤行地"盲断",也非逞一时之快地"妄断",而是要注重培养自己的执行力。基于客观事实做出了预见,明确了方向之后,就须拿出不计得失的勇气和魄力,不遗余力地付诸行动。

美国总统林肯经常对自己的下属说:"我要找的是一个

能完成任务的人。"林肯的意思是：当我把一个任务交给一个人后，接下来怎么做是他的事，但是他一定要办得最好。如果他行，让事实来证明。这需要的正是一种不遗余力的执行力。

为下属提供支持性指导

很多领导都有自己的一套非常详尽的战略规划，但我们更多的是看到这些战略规划沦为纸上兵书。其原因在于：一些人视战略为不可亵渎的"圣经"，没有将其详细地传达给下属，我们常会听到他们诉苦："不是我不做，而是我不知道该怎么做。"

这样的领导，考虑的是组织的秩序，强调的是组织内所有成员的执行力，个体行为都要合乎规范，在实施中及时进行督促。下属只有领取任务的份儿，工作过程中遭遇的也只是严密的监督，如此自然很难产生有效合作。

一家广告文化公司新任命了一位策划经理，这位新经理逻辑性强、思维敏捷，策划方面的才华得到了大家的一致好评，总经理对他也寄予了厚望。令人始料不及的是，在新经理走马上任一周后，总经理的办公桌上就堆满了员工对他的投诉。为了缓和公司内紧张的气氛，总经理无奈地宣布了对这位新经理的免职命令。

这位新经理到底犯下什么错，引起下属如此强烈的抗议和指责？让我们看看员工们所写的投诉信，就可以对情况有个大致的了解。

一位员工的话颇具代表性，他写道："每次上班时，从走进办公室第一秒钟开始，就感觉背后有一双眼睛紧紧盯着自己。不管我做什么，他都像雷达扫描一样盯着我不放，他就像一个录音机，时刻记录下我所说过的每一句话，监督着我、审视着我、评价着我……我都不知道自己这一天是怎么熬过来的，太可怕了！"

还有员工非常委屈地诉说："每次当我把工作完成之后，他都会指手画脚一番，说这也不行那也不行，都不如他的意，就好像我自己什么都不会干一样。我承认自己能力有限，但他可以教我啊，我会学的呀。可他偏偏不，只是简单地把任务交给我，怎么做，做到什么算好，他从不明确地说。遇到这样的领导，我宁愿辞职回家！"

看到这里，我们对这位新经理的工作方法会有一个大概了解，对于他的失败也能找出一个根本的原因。这位新经理是优秀的，有一定的能力。但是，他却一味地强调下属的执行力，而忽视了自身的指导力，最终影响了执行力。

指导力概括起来就是八个字：计划、组织、领导、控制。从因果关系上来说，指导力决定了执行力，比执行力更重要！王永庆对此有一个很精辟的解说："一群老虎给羊带，所有的老虎都会变成羊；一群羊给老虎带，所有的羊都会变成老虎。"

执行力的高低不只源自下属信念的强弱，也来自领导指导力的强弱。这也意味着，一个优秀的将才在执行过程中要重视培养自己的指导力，应该做一个高度关注执行过程、切实指导执行方法的"指导者"，指导下属去寻找执行的规律、深化执行的方法、接近执行的目标，且这一切要贯穿于执行过程的始终。

对于一个"教练型"的领导来说，他们视下属的工作能力为自己的职责，他们会想方设法指导下属，帮助下属提高工作水平。他们知道，下属的好业绩，就是对自己工作的最大认可。同时，通过大家的协作与努力，又会取得对彼此都有利的结果。

　　一家知名公司在全国各地设有分公司，总公司分派两位经理分别去了甲和乙分公司进行管理。总裁比较担心甲分公司的经营状况，因为派去那里的这位经理是新人，没什么工作经验，并且甲公司的市场环境亦不完善，经营一直不好；相反，他对乙分公司的经理却放心许多，毕竟那里的市场发展已趋成熟，派去的经理也很有经验。谁知一年后，两个分公司的经营总额出现了戏剧性的结果：甲分公司的市场占有率明显上升，乙分公司不仅没取得成绩突破，在市场竞争中还表现出衰退趋向。

　　总裁百思不得其解，便先后前往两个分公司调查，以求能找出其中原因。经过调查，总裁发现，派往甲分公司的经理，虽然经验和能力比派往乙分公司的经理差一些，但可贵的是，他乐于把自己所学的知识传授给员工，并且时刻注重对员工进行鼓励，建立起了很好的团队文化，公司上下团结一心，共同努力。在工作过程中，这位经理也注重不断磨炼、提高自己，结果，一年来不仅经理自身的能力获得了提升，员工们也个个成了业务精英，公司因此取得较好的成绩，也就是顺理成章的事情了。

相反,派往乙分公司的经理,其个人能力虽然很强,但是他只知道自己埋头苦干,忽略了对周围员工的指导和培养。一个人的力量是有限的,他的成绩虽然非常突出,不过他手下的工作人员却因能力不足,工作开展困难。因为这种业绩上的差异,还影响了团队的团结,公司很多人因此闹了意见。结果是,乙公司整体的市场竞争力越来越弱。

甲、乙两个分公司的经理如同两种不同类型的领导,最终表现出完全不同的结果。其中,甲分公司经理的做法更符合"帅"的角色——虽然个人能力不是很突出,但重视与下属分享自己的经验与技术,重视提高下属的能力,进而强化下属的执行力。

有句话说:"只会待在指挥部里听取最后战报的上司,执行后的结果往往不会遂他的愿,最后他听到的也常常是——坏消息。"

事实上,领导者指导意识的有无、指导能力的高低,将决定着最终的执行力强弱,"指导力"已经成为领导者自己的"执行力"!所以,要想成为一名将才,就要从现在起,在关注下属执行力的同时,同时也充分发挥自己的"指导力"！

要做到有效的指导，其实很简单：你所要求下属执行的那些目标，要和他们讲清楚，让他们做到心中有数；在执行前，要结合他们的实际情况，与他们一起讨论具体执行的方法；在执行中，要及时进行动态的监管，并提供时时的指导；当下属执行不力时，不要无奈地批评说"执行力太差"，要多给予可行的建议和方法；完成工作后，要和大家一起总结工作，吸取经验教训。

职责到位，决不能越位

不论你是普通员工，还是大师级的人物，都要兢兢业业地做好自己的工作，认真地贯彻执行企业相关的决策。做好属于你这个位置所应该做的一切事情，这叫职责上的"到位"，这是一种尽职尽责的执行力。请注意，你只能到位，而不能越位。

越位，顾名思义，就是做了不属于自己责权范围的事。"越位"的主要表现有三：第一，上行"越位"。该领导讲的话、做的事，替领导说了、做了，或者把自己的想法和意图强加于领导，干扰了领导的决心或决策。第二，平行"越位"。干涉属于平级领导职权内的事，甚至"种了别人的田，荒了自己的地"，造成彼此之间关系紧张。第三，下行"越位"。该下级做的事，自己事必躬亲、越俎代庖，造成下级没事干、不敢干，造成"上面乱插手，下面不动手"的现象。

有人会觉得好奇，为什么要"到位"，而不能"越位"？这是因为，企业里人人都有属于自己的位置和岗位，每个岗位的职责权限是不一样的，无论是"越位"还是"不到位"，都会造成工作"错位"，轻则造成一个地方或部门的工作效率不高、贻误工作；重则造成该地方或部门不协调、不团结，势必阻碍工作成果。

孔子说"不在其位，不谋其政"，曾子说"君子思不出其位"，说的都是一个人应该做自己该做的事情，不要想自己能力以外的事情。一个合格的将才，在工作中要注意把握好用权的分寸。一方面要敢于担当，尽职尽责，充分表现自己的能力；另一方面，要用权有度，不能越俎代庖。

更何况，"没有调查就没有发言权"。不在其位，就不了解其中的情况，包括政策背景和专业知识等。特别是市场经济瞬息万变，你掌握的情况可能有很大的局限性。越位，你原本是为了帮助别人，却很有可能好心办坏事，给别人添麻烦。

事实上,对"到位"与"越位"的把握,关键在于掌握好度。

第一,明确工作权限。对自身的责任划分要做到心中有数,知道该做什么、不该做什么。每个人都有自己的岗位,并有明确的责任划分。只有弄清楚自己应当履行的职责范围,你才有可能做到"到位"而不"越位"。

第二,分清"分内"和"分外"。分清"分内"和"分外",自己分内的事情要刻苦努力,力争做到位;分外事当然也不能"事不关己,高高挂起",而是在做好分内事的基础上,适当予以关注。这要视情况而定。

融合员工多元力量

《西游记》里唐僧所率领的取经队伍,就是一支经典的团队。这支取经队伍具备了现代管理学中团队所必备的一切要素。

先说看起来没什么能耐的沙和尚。沙和尚是维系取经团队的"黏合剂"。他解决冲突从来对事不对人,处处以公心为重，努力寻求解决冲突的最佳均衡点。在取经队伍濒临散伙的关键时刻，是他叫回了孙悟空，留住了猪八戒，多次阻止了冲突扩大化的苗头，挽救了团队。

然后说武力一般、满身小毛病的猪八戒。猪八戒参加团队的目的很实际，就是改善自己的物质生活。他憨厚中带着些狡猾，勇敢中带着点怯懦，是取经团队中的润滑剂。

接着说白龙马。他是个"脚力"，卑微得让人感觉不到他的存在，但这恰恰是白龙马的一种本事。没有他毫无怨言的驮着，唐僧是根本到不了西天的。

重点说孙悟空。孙悟空是团队中必不可缺的挑大梁、干实事的专业人才。有本事，所以恃才傲物、争强好胜，不过他技术过硬，总能化解危机，脱离困境。不仅如此，孙悟空还有丰富的社会资源，遇到解决不了的困难他知道该去请哪位神仙。

最后说的，也是最关键的成员当然是唐僧。唐僧虽然胆小怕事，是非不分，但他目标明确、意志坚定，擅长用人。从某种意义上说，他就是去西天取经这一远大目标的化身。

就是这样一支由性格、能力截然不同的人组成的团队，彼此相互包容，成为一个不可分割的整体，走向了他们的共同目标。

很多领导者都非常欣赏这个虚拟的团队，认为一个理想的团队就应该有这四种角色，不能全是唐僧，也不能全是孙悟空，不能全是猪八戒，更不能全是沙僧。换句话说，一个成功的团队，成员必须具有较强的互补性，领导有权威，员工有能力，团队有目标，各自有分工，大家相互合作，各司其职，查漏补缺，才能最后"修成正果"。

在工作中，将任务分解给别人，善于融合多人的力量，让他人融入团队发挥作用，共同完成某一目标，这才是卓越的执行力。善于努力的执行者，远不如善于分工合作的执行者。

巫马期是孔子的学生，曾是春秋时期鲁国的一个县长。巫马期很有抱负，一心想把自己任职的单父县治理好。他工作十分努力，每天披星戴月、废寝忘食，兢兢业业地工作了一年，终于将这个县治理得井井有条，但要说多好也谈不上，而且他还因劳累过度病倒了。

鲁国国君请孔子推荐一个人选，孔子推荐了自己的另一个学生宓子贱。宓子贱弹着琴、唱着小曲就到了单父县。

他在官署后院建了一个琴台，终日鸣琴，日子过得很滋润。一年下来，单父县比巫马期任职时更好，很多百姓赞不绝口。

对此，巫马期感到奇怪，他想不明白为什么自己每天起早摸黑地忙于政务，却没有宓子贱治理得好？于是，他找到了宓子贱，带着讨教的心理问："你我从师同一个人，能力相当。你工作做得比我好，是不是因为有一个好身体？看来我要被自己的病耽误了。"

听了巫马期的话，宓子贱摇摇头说："我们的差别不在身体，而在于工作方法。你做工作靠的是自己的努力，可是县里事业那么大、事情那么多，个人力量毕竟有限，努力的结果只能是勉强支撑，最终伤害自己的身体。而我用的方法是调动别人的工作热情，利用他们去为我做事，调动的人越多，事业就越大，于是工作越做越轻松。"

宓子贱与巫马期同在单父县做官，然而，一个工作得悠闲，一个工作得辛苦，这不正说明了借力的重要性吗？有100件事情，1个人都做了；有100件事情，让100个人做，完成的速度和质量肯定是不一样的。

的确，一个人再努力、再勤奋，充其量不过是一个巫马期。在有人看来，巫马期不是英雄而是匹夫。"匹夫"是仅依靠自己努力的人，而英雄则是像宓子贱这样的人，因为他能把县内的才俊之士聚集在自己的身边，让他们八仙过海，各显神通。

有效合作是为帅者完成工作使命、成就大事的有效途径。汉高祖刘邦，带兵打仗，不如韩信；运筹帷幄、决胜千里，不如张良；治国安邦，不如萧何。他的各种本事没有一项能比过别人，但照样获得了成功，成为西汉帝王。正如韩信所说："我会带兵，但高祖会领将。"

会合作，执行的效率就会提高，这正是"君子生非异也，善假于物也"。要想成为一名将才，要想提高自身执行力，就需要懂得合作的智慧，调动他人为执行计划服务。

对员工的执行进行必要把控

常常遇到很多的管理者这样抱怨：为什么我的下属不能和我步调一致？为什么下属总不听我的话？其实，问题的本身不一定出在下属身上，很可能是自己的原因。这时，你该问问自己，你是否对全局驾驭、团队行动和个人行为具有理性的控制力？

例如，你是一家公司的经理，公司要买什么材料，经常需要你签字，但是你签字的时候真的了解情况吗？仓库究竟还有没有这种材料、到底该不该买？如果仓管员是不负责任的，报的数字是假的、错的，物料本不该买，那么你就容易出错。

问题出在哪里呢。就是一个"管"字，"管"就是"控"的意思，是一种控制力。出现上述问题，说明你的工作失控了。这就告诉人们一个道理：为帅者应该给下属提供施展手脚的空间，但同时也要对下属的执行过程有必要的监督。

因此，将才的做法是既要信任下属，又要对其执行过程进行有效控制。从理论上讲，为帅者不可能事事都管，事必躬亲，但前提是要能够掌控全局，让下属的工作在你所能控制的范围内。一旦下属的工作出现问题，要能迅速作出正确的判断与反应，化解难题。

想要成为一个将才，具体有以下三点可供参考。

第一，运用目标管理方式。最理想的控制，就是让下属通过目标管理方式实现自我控制。为此，在安排工作任务的时候，你应该尽可能地把问题、目标、资源等向下属交代清楚，而且一定要把流程定好。流程中有明确详细的规定，分工明确、责任到人，如此，下属就会按部就班按流程做事。

第二，控制工作的关键点。在领导控制力中，有一条基本的原理就是控制工作的关键点。控制住了关键点，也就控制住了全局，这将有助于避免工作失控。如何选择控制的关键点？很简单，哪些点的控制工作做好了，基本上可以确保控制目标的达成，这就是需要控制的关键点。

例如，作为一名销售经理，那么你对所负责区域市场的运作应该有一个清晰的思路，包括目标销量、产品定位、价格策略、促销策略、销售员规划等；如果你是一名办公室主任，你最好要掌握公司主要工作的进展情况，负责制订公司的各种方案，负责好相关会议的组织，以及公司的接待工作、公共关系的建立和维护。

第三，明确各自的责任。把权力交给具体事务的负责人，是为了把责任也放下去。责任界限模糊，工作出了问题，也不方便追究责任，想要做好一个企业也是天方夜谭。所以，有必要让下属明确自己的责任，清晰地认识到哪些责任是自己必须、应该承担的，是不可推卸的。这样，当工作中出现问题时，则很容易分清是谁的责任，也可以在工作中防止相互推诿，减少工作中的管理矛盾。另外，它能为客观评价下属的工作提供条件。

一家集团电冰箱厂的材料库是一幢五层的大楼，大楼一共有2945块玻璃。凡是去过的人都会发现，这2945块玻璃每一块上都贴着一张小条。小条上写的是什么呢？是两个编码。第一个编码代表负责擦这块玻璃的责任人，第二个编码是负责检查这块玻璃的人。

这是做什么呢？原来，这是集团领导人让下属职责分明、责任到位的一种做法。擦玻璃、检查玻璃人员的名字都贴在玻璃上，一目了然。该集团在考核准则上明确规定：如果玻璃脏了，需要负责任的不是负责擦玻璃的人，而是负责检查玻璃的人！

另外，凡是去过该集团的人都会发现，在那里，小到一块玻璃，大到机器设备，都清楚标明事件的责任人与事件检查的监督人，有详细的工作内容及考核标准。该集团的员工，无论职位高低、工作大小，每个人都得承担一份工作责任，"人人都管事，事事有人管"。所以，无论出现多么复杂的工作问题，该集团的员工都没有发生过互相推诿责任的现象。

"没有带不好的兵,只有带不好兵的将军"。如果用人是为帅者的一种管理能力,那么善用控制力就是为帅者领导力的保证。要想成为一名将才,你必须对此给予足够的重视,必须不断地学习并掌握它,从而提升自己的执行力。

第 12 章
将才如何提升沟通力

　　一个合格的将才型人才必是沟通的高手，他们需要通过强大的沟通力确保企业内部信息传递无误，并因此得到下属的支持与配合，进而更加有效地开展工作。

沟通是不可忽视的

　　对于工作，有些人或许会认为，就是简单的命令与执行，不需要什么沟通与交流，更无须啰啰唆唆，所谓的交流与沟通仅仅是在浪费时间与精力。如此想法则是一个成功管理者的大忌。

　　在沟通中，最为严重的问题是每个人都习惯性地想当然，认为自己明白了，别人也会明白，但事实并非如此。

　　为了发展本国文化，非洲土著人邀请了美国加利福尼亚州大学加州分校的一位教授前来授课。为了表示对土著人的尊敬，被邀请的这位教授临行前还特意到商场准备了一身行头。那天，教授西装革履，可是，他一上讲台便直冒汗。原来，土著人为了表示对教授的欢迎，以最高礼仪接待，不论男女，全都一丝不挂，凡私处只遮挡着树叶。教授很尴尬，不过他很快稳定了情绪，开始认真讲课，看得出来，那些土著很不好意思。

第二天，考虑入乡要随俗，该教授一丝不挂地走上了讲台，只戴个项圈，私处用树叶遮挡，但他最终比第一天还感到尴尬。原来，土著人为了照顾教授的情绪，全部西装革履，现在只有教授一个人光着身子站在讲台上。

下课后，土著人纷纷向教授道歉，教授也觉得非常不好意思，双方做了沟通。

第三天，教授穿着西装走上讲台，他看到在场的土著人也都穿着西装，坐得笔直。这次，教授没再冒汗，土著人也很高兴。

教授和土著人的目的都是好的，都是考虑对对方的尊重，但最终的结果显然是令人十分尴尬的，因为缺少了必要的沟通，导致结果完全与自己设想的初衷相悖。通过两次令人尴尬的波折，他们才认识到了沟通的重要，在双方相互体谅之后，工作也得以顺利开展。

工作中，你是否遭遇过相同的情形？因为缺乏沟通能力，不能很好地与同事、下属进行沟通，结果陷入到自己的设想之中，以致自己的好主意、好建议以及才华、能力得不到别人的理解和重视，甚至因此而产生了误解，造成工作的拖延甚至失败。

美国加利福尼亚某研究机构通过一项大范围的调查研究发现，"职场中，来自管理层的信息只有20%～30%被下属知道并予以正确理解，而从下到上反馈的信息不超过10%被知道和被正确理解。"这也从另一个层面反映出交流的重要性和必要性。

沟通对每一个人来讲都很重要，对一个带领军队打江山的将军来讲，更是如此。可以肯定地说，能否建立一个关系融洽、激情和干劲十足的团队，很大程度上取决于管理者是否善于与下属沟通交流。

所以，作为一个将军，就要与下属经常进行沟通。通过沟通，你可以获取更多信息、智慧乃至信任，熟知下属的想法和情绪，这可以支持你做出更有利的决策，进而避免不必要的麻烦。

阿尔卡特公司的业务遍及全球130多个国家，2002年与中国通信业开始了长期的合作，并联合建立了一个新企业，56岁的狄加被任命为总裁。不巧的是，适逢全球通信行业大萧条，电信运营商缩减的风潮波及全球，该企业的业务发展一度受阻，还遭遇了成立以来的第一次大规模人事动荡——先后800多名员工因此离职。

　　该企业之所以如此"弱不禁风"，不仅是受全球经济不景气的影响，还因为之前原企业是一个典型的国有企业，而阿尔卡特是一个成熟的跨国公司，无论从哪个角度看，这两种风格的企业文化都格格不入。

　　为了改变该企业的面貌，使企业快速发展，狄加采取的第一个措施就是在企业内部建立一个畅通无阻的交流平台。为此，狄加积极鼓励管理层充分参与交流，还规定企业管理层应定期与不同级别的员工进行面对面交流，事前安排的见面不得因任何理由更改。此外，每季度他还会举行一次不设定主题的"总裁在线交流会"，企业的6000多名员工可以在此一起畅所欲言，讨论企业的现在和未来，还可以提出有关企业和狄加个人的任何问题。

　　为了消弭文化及管理方式上的差异，狄加还不断与阿尔卡特全球决策层进行着沟通交流,"有时候他们会说我太啰唆了,但是,我需要让他们明白,中国是一个多么重要的市场。"狄加说。在他的极力斡旋下,该企业不但被纳入阿尔卡特全球采购体系,还成为了其全球产品研发与生产之间的采购接口,后来还创造了阿尔卡特成立以来的最好历史纪录——营业额年增长率达到20%,企业现金流达到50亿元人民币。

无论是出于工作需要,还是为了融洽人际关系,为将者都应该重视沟通工作。一个出色的将才必是沟通的高手,能让自己和下属彼此顺畅交流,并获得对方的支持和配合,从而更加有效地开展工作,这也是卓越的沟通能力的最好证明。

日本的"经营之神"松下幸之助有句名言:"企业管理过去是沟通,现在是沟通,未来还是沟通。"为将者的工作离不开沟通,一个优秀的将才决不能忽略了沟通,而是要积极地沟通、主动地沟通,更要乐于沟通。

愿意倾听下属的真实心声

在任何形式的交往中，倾听都是沟通中至关重要的一环。同样，学会倾听也是为将者应该具备的重要素质之一。每一个成功的将才都熟知怎样倾听下属说话以及怎样让下属打开心扉说出心里话，这是将才管理制胜的不二法门，也是提升个人魅力的有效方法。

实际工作中，不少管理者可以凭借自己良好的口才对着下属滔滔不绝地讲几个小时，却不愿意花哪怕一分钟时间去听下属说话，这就是典型的"闭塞耳朵型"领导。

虹飞是一家公司客服部的员工，一天，在与朋友吃饭时，她气呼呼地说道："我再也不会给经理提任何建议了，因为他根本不爱听我说话。每次我提出一个有关改善客服部服务的方案时，没等我说几句，他就会不耐烦地打断我，说只要我完成应该做的工作就行了。"

朋友不解地问："是不是你得罪过领导，所以他不爱听你说话吗？"

虹飞摇摇头说道:"别人跟他说话时,他也是这样的。他要是跟我们说话,就算说上一天,我们也得听着。但要是我们跟他说话,他能认真听上5分钟就不错了。他总觉得自己说的都是真理,我们就应该听;而我们说的就是废话,让他听就是浪费时间。"

或许你会觉得虹飞是鸡蛋里挑骨头,不会去适应领导,反而想让领导配合自己。但不管是站在哪个角度,我们都不得不说,该公司的经理在沟通方面确实存在一定问题——他不善于倾听下属的所思所想。

历史上类似的惨剧还不少,例如商纣王。殷王朝的"中兴气象"滋长了商纣王的自大,他变得刚愎自用,整日美酒相伴、朝夕笙歌,听不进大臣们的任何谏言,还将进谏大臣箕子囚禁了起来,残害自己的亲叔叔比干,结果诸侯渐有离心、百姓日益怨恨,终致身死殷灭。假如商纣王能广开言路、察纳忠言,何至于落个身败名裂、葬身火海的下场?

上天给了我们两只耳朵,却给了我们一个嘴巴,就是要我们多听少说。沟通最为有效的方式,不是自己尽心竭力地去表达,而是收敛自己的言语,学会倾听、少说多听。

对将才而言，倾听下属的想法是非常重要的。领导能够倾听下属的声音，本身就表达了一种对他们的尊重。而且，倾听能使你真正了解下属的想法，这样才能有针对性地采取相应措施，以更好地做好管理的工作，避免工作上的盲目性。

美国第16任总统亚伯拉罕·林肯出生于肯塔基州贫苦的农民家庭，他先后当过伐木工、船工、店员、邮递员，这些经历使林肯对普通人民群众有了一种深厚的感情。出任美国总统后，为了不和民众之间拉开距离，林肯始终很注意倾听民众的心声。

林肯常常在内阁部长正在主持会议时走进去，悄悄地坐下来倾听会议过程；他不愿坐在白宫办公室等待阁员来见他，而是亲自前往阁员办公室，与他们共商大计。而他在白宫的办公室的门也总是敞开着的，政府官员、商人、普通市民等人想进来谈谈都可以，不管多忙，他也要接见来访者。

众多的来访者使得保卫工作非常难做，尽忠职守的保卫人员常常会抱怨，林肯解释道："让民众知道我不怕到他们当中去，他们也不用怕来我这里，这一点是很重要的。"1863年,他写信给印第安纳州的一个公民:"在言谈中,用耳朵比嘴巴强。我一般不拒绝来见我的人。如果你来的话,我也许会见你的。告诉你,我把这种接见叫'民意浴',因为我很少有时间去读报纸,所以用这种方法收集民意。"

谈起自己的"民意浴",林肯曾感慨地这样说:"虽然民众意见并不是时时处处都令人愉快,但这种倾听让我获得了来自各界的声音,不仅缩短了我与人民的距离,加深了彼此的感情,而且激发了民众参与国事的主动性和积极性。总的来说,效果还是具有新意、令人鼓舞的。"

将才要善于做一个"听话"能手,从培养自身的交际能力、创造交流氛围开始,使下属能在轻松的气氛中畅所欲言。看得出,林肯是个优秀的帅才,他善于倾听下属的心声,因此赢得了下属的支持。

你想成为将才吗?你善于倾听吗?不管之前怎样,从现在开始,不要仅仅把自己看作一个权威的命令发布者,将沟通变成简单的命令发布,开始运用起你的耳朵吧,去倾听员工的声音,进而与员工实现有效的沟通。

当然,虽说倾听是一种最省力、最不费口舌的沟通方式,但要想将它运用得当也不是一件容易的事情。换言之,倾听也是大有门道的。如果一个人不懂得倾听的技巧，就很可能弄巧成拙，导致沟通失败。为此，想要使倾听达到良好的效果，就要做到以下几点。

第一，倾听要用"心"听。倾听不仅要用耳朵，还要用眼睛和心。也就是说，倾听下属说话时，不仅要注意听说话内容，还要将自己的注意力百分之百地集中到下属身上。善于运用微笑、点头、提问题等方式，及时给予对方呼应。而不要心不在焉、眼神游离。

请注意，由于每个人的性格不同，不同的下属在倾诉时所采取的方式也不尽相同。比如，性格内向的下属在表述一些敏感问题时会比较委婉，不会直接说出自己的真实想法和意见。这时，你要用心观察下属的动作和表情，了解下属的真实想法。

第二，要耐着性子倾听。当下属说话时，无论他的表达能力如何，你都应该耐心地听他说完。尤其是下属讲想法或意见时，你更要认真倾听，给下属表达的机会，千万不要因为对方说话时间过长，就表现出厌烦的神情，急着发表意见，甚至打断对方。

每个下属都希望自己的讲话能受到领导的重视。耐心地倾听，就是在向下属表达这样一个意思："你说的话很重要,我非常愿意倾听。"这样能够维护下属的自尊心,同时下属会更愿意将自己的真实想法说出来与你分享,进行思想交流,进而达成共识。

学会与不喜欢的人沟通

工作中,谁都难免会碰到一些自己不喜欢的人,可能是他爱说大话等言行举止让你看不惯;可能他是无事生非、嫉贤妒能之人,很难相处;也有可能你们两人曾经发生过一些矛盾;等等。那么,如何与这些人沟通呢?

有些人的做法往往是对其不予理睬,只和喜欢的人沟通。这本无可厚非。古云"道不同不相为谋",是指意见、理想或志趣不同的人是很难共事的,不能勉强。

此时,沉默是最合适的。不要与人争辩,争辩只会降低你的威严。

在路易十四的朝廷里,贵族和大臣们日夜不停地为国家的事情争吵,他们的立场多是站在自己所在阶级的立场,维护自身利益的,所以他们的意见总是不同。最后,他们会选出论辩的代表去觐见路易十四,然后把争论的议题和各方的意见详细上报。路易十四是站在国家的立场,是以国家利益为重的,与这些大臣的意见自然有所不同。当代表们上报意见时,路易十四只是静静地听着,然后说一句:"我会考虑的。"然后,他就离开了。

此后,大臣们再也不会从路易十四口中听到关于这个议题的任何话语。几个星期后,他们只能看到路易十四自己作出决定以及采取行动的结果,路易十四根本不会再费力去征询他们的意见。沉默寡言后来成为路易十四的一种超强的沟通力,他一沉默,没有人能明了他的立场,或预测他的反应。在这种情况下,贵族和大臣就有些不知所措,以至于不自觉地任他摆布。

话不投机半句多,没有话说就沉默。这不是一种消极的逃避,而是一种超好的沟通力。正如《谈话的艺术》的作者古德曼所说:"沉默在谈话中的作用,就相当于零在数学中的作用。尽管是'零',却很关键。没有沉默,一切交流都无法进行。"

但请注意,沟通只局限于自己喜欢的人,很可能导致一个人的影响力受限。当你的经历变得更加丰富之后,你会发现：原来自己不喜欢的人未必就不好，事情并非简单到"非黑即白"，人也不是单纯的"非好即坏"。

现在回到起点，对待不喜欢的人，要以宽广的心胸去沟通，一个人性格和态度的形成，往往跟他生活的环境、所受的教育、经历和遭遇等有关。对此，我们不能求全责备，而应该宽容以待。孔子曰："君子和而不同，小人同而不和。"与每个人都能和谐地沟通，这将更有利于你的成功。

用最简练的语言表达观点

语言是沟通的工具，但使用不当，语言也会无意中成为伤害感情的利刃。为将者，应该言简意赅、恰如其分地阐述自己的观点。真正擅长沟通的人，懂得用最简单的语言把意思表达到位，知晓在最短的时间内把话说到点子上。

松下幸之助是日本著名松下电器的创始人。1951年，他安排自己的一个得力秘书前往美国，准备打开松下电器在美国的市场。但开始的时候，效果很不理想。原因是，美国的工厂规模宏大，专业化分工很细，日本却与之存在很大的差距,这让秘书有些懈怠了,想打退堂鼓。为此,松下幸之助决定亲自前往美国,同他沟通一番。

到了美国,松下幸之助没有将秘书留在办公室里大谈特谈,而是简单寒暄后,带他来到一家餐馆吃饭。

很快,饭菜上来了,松下幸之助吃了两口米饭便停了下来。

"怎么了,饭菜做得不好吗?"秘书问。

松下幸之助不作声,秘书便打算叫老板来说道说道,松下幸之助制止了他,说道:"不是的,我在国内就听说这里的米饭很好吃。是的,这里的米饭太香了。我们国家也产米,为什么还不如吃面食的美国大米种得好呢?难道在电器方面也是这样吗?"

秘书听到这里叹了口气,说道:"这个很难说啊。"

松下幸之助沉默地看着秘书,一分钟后才缓缓地说了一句话:"我们一定会做得很好的,我们现在要继续努力地工作,不要懈怠。"说完这句话,松下幸之助便起身离开了。

我们经常说一个人口才好,并不是指他会侃侃而谈,而是说他说的每句话都能说到关键点上,能起到真正的作用。仅仅用了一句话,松下幸之助就将自己想说的话表达出来了，而且强劲有力，这就是沟通的艺术，语言贵精不贵多。

一位西方哲学家曾经说过："我宁愿什么也不说，也不愿暴露自己的愚蠢！"所以，若想成为一名将才，在与别人沟通时，决不能只顾自己嘴巴痛快。

为此，你要记住以下几个要点：

（1）抓住所要表达观点的核心。

（2）言语表达有条理，分清层次。

（3）正确使用词汇，表达准确。

以硬碰硬，不如硬话软说

沟通，几乎是领导者天天都在做的事情。但善于沟通，能清楚表达自己的意图，使别人乐意接受，却是一件不太容易的事情。如果你想把一个人说服，就要学会硬话软说。所谓"硬话"是居高临下的斥责、声色俱厉的禁止；而"软话"则是从尊重人的角度出发，使人感到受到尊重，心情舒畅。

说话以硬碰硬，这种沟通方法会把对方置于被教育位置，使人觉得没有受到尊重，因而往往效果不佳。

魏征是历史上有名的谏臣，有一次，他在朝廷上与唐太宗争得面红耳赤。

"总有一天，我非杀了他不可！"唐太宗回到后宫后，愤愤地说。

"你要杀了谁？"长孙皇后连忙问道。

"当然是魏征！他总是当着众臣的面和我理论，实在是让我难堪！"

长孙皇后听后，立即退了下去，过了一会儿，她换了一身上朝的礼服，走到太宗面前叩拜道贺。

"你这是什么意思？"唐太宗疑惑地问。

"我听说，只有明君之下才会有忠直的臣子。"长孙皇后认真地说，"现在魏征敢于直言进谏，是因为陛下贤明之故，我怎能不为陛下庆贺呢？"

唐太宗听后，转怒为喜，决定重用魏征。

魏征是著名的忠臣，但他与唐太宗说话时总是以硬碰硬，结果引来了唐太宗的厌恶。长孙皇后则不同，她知道在唐太宗气头上硬为魏征求情没用，便从另一个角度出发，讲述了魏征敢于进言，是由于皇上有明君之怀。这种以柔克刚的劝谏，及时说服了唐太宗，也挽救了魏征的性命，也成就了唐太宗与魏征间明君、忠臣的一段佳话。以硬碰硬和以柔克刚，其效果之不同显而易见。

纵观历史，我们不难发现，将才都会运用以柔克刚的沟通方式来说服他人。

春秋时期，秦国派出300辆兵车，准备偷偷袭击郑国。进入滑国地界（在今河南省）时，偷袭郑国的消息被郑国人弦高知道了。弦高是个牛贩子，他做买卖时碰到一个从秦国回来的老乡，那老乡说起秦国发兵来打郑国。这时要向郑国报告已经来不及，弦高知道，自己如果硬来，也挡不住秦国大军，怎么办呢？他急中生智，便冒充郑国使臣来犒劳秦军。

弦高带着4张熟牛皮当礼物，又赶了12头牛，故作恭敬地对秦军大将孟明视说："我们的国君听说将军要到敝国来，赶快派我先送您4张熟牛皮、12头肥牛来。这一点小意思不能算是犒劳，不过给将士们打打牙祭罢了，还请将军能够不嫌弃，收下。"

得知郑国知晓了秦军偷袭郑国的消息，孟明视大吃一惊，知道有人走漏了消息，只好厚着脸皮说："我们不是到贵国去的，你们何必这么费心！"

"真的？"弦高故意装作吃惊的样子，接着说道，"那就好，我们的国君说，敝国蒙贵国派人保护着北门，我们非常感激，很珍惜两国情分。而且，我们自己也格外小心谨慎，操军持兵不敢懈怠，如果有人来侵犯我们，我们也定当全力作战，将军，您只管放心！"

等弦高退下后，孟明视对属下说："郑国早知道了偷袭的事情，而且早就做好了准备，偷袭是没法成功的，我们还是回国吧。"接着，孟明视连夜把人马带走了。就这样，郑国避免了一次战争。

弦高的一番话说得十分客气，其弦外之音是：你们要偷袭郑国，但这个消息已经走漏出去了，郑国已有了准备。由于两国友好，郑国才派出使者慰劳秦军，以尽礼节。如果秦国不识相，那么只好兵戎相见了。

以天下之至柔，驰骋天下之至坚，柔弱往往能胜刚强。所以，我们在沟通的过程中，在说服他人的过程中，首先要尊重对方的心理感受；否则，你讲得再对、讲得再好，对方听不进去也是枉然。只有适应对方，让对方听得进去，这样才能更好地达到沟通的目的。

从某种意义上来讲，硬话软说对领导者来说也是一种说服下属的沟通技巧。

查利斯·施瓦布是美国钢铁大王安德鲁·卡内基的助手，他是当时少数几个年薪100万美元的高管之一。在施瓦布的墓志铭上，卡内基亲自题写了"一位知道如何将那些比自己聪明的人团结在身边的人"几个大字，而这正是卡内基付给施瓦布日薪3000多美元的原因。

一天中午，施瓦布经过钢铁厂，看到几个员工正在车间里吸烟，而那块"严禁吸烟"的大招牌就在他们的头顶上，他朝那些人走过去。当员工们发现施瓦布发现了他们时，他们以为施瓦布会指着那块牌子粗暴地斥责他们，他们开始考虑该如何为自己辩解。

然而，施瓦布走过去，不但没有责骂他们，反而友好地给每个人递上一支雪茄烟，笑着说道："我的孩子们，有时候抽烟可以解乏，但是这里禁止吸烟，这是为了大家的安全着想。如果你们以后到外面去抽掉这些雪茄，我将十分感谢。"这几个员工顿时红着脸低下了头……

员工们当然知道自己破坏了公司规定，但是施瓦布先生并没有因此对他们大加指责，他的语言中充满着温柔的感情色彩，使员工们保住了面子，受到了尊重，并在心理上感到舒适，这种语言效果是绝佳的。试想，像施瓦布这样的领导，谁还愿意和他作对，不努力去工作呢？

假设，施瓦布为此事生硬地训斥、责备抽烟的几个员工，结果很有可能是，这几个员工满腹牢骚、口服心不服。

说服别人需要的是沟通技巧，要想成为一名将才，就要在说服他人时，多使用柔和的语言，要在遣词造句、声调语气上多加注意。比如，在交谈中多使用谦敬词、礼貌用语等，讲几句关心人的话，说话速度尽量缓慢一点，就能以柔克刚，达到你的目的。

通过走动式管理加强沟通

现实中，很多管理者习惯将自己的工作区域局限在办公室，如此一来员工会对你敬而远之，很难在日常工作中亲近你，无形中，就会减少与员工接触与沟通的机会，彼此之间缺乏了解和信任，你的工作就会缺少应有的支持。

一个制造企业聘请了一位具有管理专长，但在技术方面却并不是很擅长的人担任厂长。因此，厂里员工对新厂长不服气，认为他并不了解业务，对于他所提出的新的管理方案也不配合，甚至在生活中也不与他接近。尤其是两位资深的主管，对新厂长十分不服气。面对这一情况，新厂长非常担忧，经过深思熟虑后，他想出了一个应对策略。

下班后，新厂长经常会带一些小礼物到两位主管家里拜访，和他们及家人谈天说地，也会谈论工作上的一些事情。两个月后，两位主管也开始时时到新厂长家里拜访、喝茶、聊天，也会间或聊一些厂里员工的情况，并对一些问题发表自己的看法，渐渐地，新厂长对厂里的情况越来越了解。半年后，新厂长和两位主管几乎成了无话不谈的朋友，也达成了很多工作上的共识。

接下来，在上下班的时候，新厂长会在厂子里四处走动，看见谁都会主动热情招呼："马主任，听说你女儿功课特棒，她一定跟你一样聪明。""王秘书，我看见过你老公在门口等你，他真是体贴呢，而且又高又帅！"……中午时，新厂长还经常和大伙一起用餐。没过多久，这位新厂长就不"新"了，大家愉快地接纳了他，在执行他新制定的管理文案的时候，也没有那么多怨气和抵触了。

一个不会与员工沟通、不能与员工打成一片的管理者，应该很难得到员工的真心认可，自然也无法形成自己在团队中的影响力。那么，该如何做呢？如何得到员工的认可和信任呢？相信上面的故事，一定会给你非常好的启示。

可以说，这位新厂长是一个非常聪明的将才，当员工们对他的工作能力产生质疑并不配合其工作时，他选择主动走出办公室，与所有人进行"闲谈"，与员工"打成一片"，这种沟通方式让他看起来和蔼可亲，令他赢得了更多的信任，获得了开展工作的好机会。

作为将才，你要知道，即使再出色、再得力的下属，也难免会有情绪低落、提不起劲儿、不想沟通、不愿工作的时候。遇到这种情况不要一副"你不和我沟通，我也不和你沟通"的态度，而是要坐下来和下属好好谈一谈，看看到底是哪里出了问题。

为此，做为管理者平时要注意多跟下属分享对工作的看法，多参与下属之间的活动，培养与下属之间的感情，同时也要时常检讨一下自己，比如自己是不是对人冷漠，或者言辞锋利。如果你意识到了自己的缺点与不足，就要注意改正。

沟通对每一个人来讲都很重要，对一个掌控全局的将才来讲更是如此。事实上，走出办公室，与员工在一起，不仅是重要的，也是必要的。因为深入群众，多和员工进行一些面对面的交谈，这样就会随时随地发现问题，解决起问题来就会更加有效。

汤姆·彼得斯是全球最著名的管理学大师之一，被称为"管理领袖中的领袖"。他的一位朋友曾给他写了这样一封信。"亲爱的彼得斯先生：

"我刚刚度过了也许是我企业管理生涯中（包括4年商学院学习）最有教育意义的一个月。你知道吗？我负责销售履带拖拉机公司一家很大的特许经销商的零部件。为了进一步提高对用户的服务，我曾在我们最大客户之一的仓库中工作了整整一周。那段时光真让我大开眼界。至少可以说，有机会充当履带拖拉机公司零部件的收货方，而不再是供货方，我真是获益匪浅。因为我负责开箱、给部件分类和处理文件，我获得了第一手的材料，了解到这家用户当时抱怨我们零件供应中某些方面存在的问题的原因。现在我熟悉而相信这家用户，我将在他们关心的问题上多做改进。"

从这封信中我们可以发现，与公司的普通员工抑或客户进行沟通，会使自己获得比资料报表上更详细、更实用、更有意义的信息，管理政策会更易于执行。的确，作为一线工作的执行者，员工比管理者更了解工作的现状，更能发现工作中存在的问题，他们的想法大多有可行之处。

对此，汤姆·彼得斯说："假如你把三分之一以上的时间花在办公室里，你便与下属格格不入，与时代格格不入。当你思考了很长时间也想不出好办法时，多与身边的员工接触，你会发现更多的智慧和经验，或许你会在瞬间找到解决问题的方法。"

美国惠普公司在沟通方式上采取的是"走动式"，这是一种不拘形式的惠普式沟通方式，是通过随意交流或正式会谈的方式，从而与员工保持密切联系，目的是帮助管理者了解下属员工和他们正在做的工作，有效进行信息沟通，执行解决问题的方案。

例如，惠普公司办公室的布局很特殊，全体人员都在一间敞厅中办公，各部门之间没有隔墙，经理经常在自己的部门中走动，或者能够出现在随意的讨论中。

为此，惠普公司还制定了很多相关的政策，如在员工责任条款中规定：员工有责任公开提出问题；与直接上司讨论解决问题的最佳选择；明朗而真实地进行沟通交流；了解解决方案应该包括与他人进行交谈；清晰表述具体需要的管理行动；等等。

惠普公司的"走动式"沟通方式确保了沟通的有效性，管理者尽可能与所有人交流，去获取自己所需要的信息，进而提高了各项决策的执行力，这正是他们卓越管理能力的最好证明。

能否建立一个关系融洽、激情和干劲十足的团队，很大程度上取决于管理者是否善于与下属沟通交流。一个出色的将才必是沟通高手，通过最大范围的沟通，让自己和下属能够彼此了解和认可，并获得对方的支持和配合，从而更加有效地开展工作。

所以，不管你是大公司还是小公司的管理者，如果总待在办公室中，你的脑中除了一些整理得井井有条的数据以外将一无所有，布置的工作做法的决策很容易脱离实际，以致于得不到员工的认可。此时，不妨走出办公室，深入基层，开展走动式沟通，和员工们一起"闲谈"。

批评沟通的关键

当下属没有完成你规定的任务或者做了错事,你会如何批评呢?有些人会认为,批评意见让人听着不那么舒服,于是常常不敢批评、不愿批评、不能批评,变成了"话到嘴边留半句"的谦谦君子。结果呢?正义得不到伸张,正气树不起来,这种人根本就驾驭不了局面,也就更不可能成为将才。

有时候,批评也是一种帮助,这正是应了老生常谈的一句话:"良药苦口利于病,忠言逆耳利于行。"

春秋战国时期,耕柱是一代宗师墨子的得意门生,是大家公认的最优秀的人。不过,耕柱却常常受到墨子的批评和责骂。对此,耕柱常常觉得自己很委屈,也很没有面子。渐渐地,他对老师墨子心生不满。

有一次,墨子又责备了耕柱。

耕柱忍无可忍,愤愤不平地问墨子:"老师,难道在这么多学生当中,我是如此差劲吗,以至于要时常遭您老人家责骂?"

墨子听后,毫不动肝火,而是温和地说:"假设我现在要上太行山,依你看,我应该用良马来拉车,还是用老牛来拖车?"

耕柱不解地回答说:"老师,怎么问这样的问题?再笨的人也知道要用良马来拉车。"

墨子又问:"那么,你认为我为什么不应该用老牛呢?"

耕柱回答说:"理由非常简单,因为良马足以担负重任,值得驱遣。"

墨子说:"你答得一点也儿没有错。我之所以时常责骂你,也是因为你能够担负重任,值得我一再地教导与匡正你。"

耕柱恍然大悟。

批评的最终目的不是要把对方压垮,而是帮其成长;批评也不是要去伤害他的感情,而是帮其把工作做得更好。将才不能当"老好人",对错误更不能视而听之任之,而应该果断地提出批评,并给出正确意见,助其改正与成长。

吃过正宗麻辣火锅的人都会有这样的体验:吃时面红耳赤、额头冒汗,吃过后开窍通络、全身畅快。其实,严肃的批评与吃火锅颇有相似之处：被批评时脸红心跳、如坐针毡，但改正错误后神清气爽、如沐春风。这种沟通方式，它的作用比赞美还要有效。

在实际生活中，对于下属的失败，你一定要追究失败的原因，促使他本人反省。不过，批评是一门艺术，只有做好了下面几点，才能成功地实现批评人、教育人的目的。

第一，不要当众批评。在批评下属时，一定要分清时间和环境，一般不要当众批评。如果你不分场合，如有很多人在场，你也直言不讳，这样会令下属感觉面上无光，他也很难认识到自己的错误，或许还会误以为你是有意让他出丑，甚至在心里责怨你，这也是沟通失败的一种。

任何具有上进心的人都不愿犯错误，所以对于一些无意的过失，只要对方认识到错了，就没有必要当众进行批评，面对面地跟他谈，就足以使他反省了。选择单独的场合，如你的独立办公室、安静的会议室，或者楼下的咖啡馆都是不错的选择。

第二，批评应有是非标准。批评要有是非标准，应就事论事。切忌无事生非，不明事实，这样才能保证批评的准确性，才会让受批评的人心服心服，也会让众人引以为戒。

在部队中，后备军和正规军之间最大的不同就是士兵头发的长短，正规军必须要留利索的短发，后备军人则认为他们是老百姓，因此，很多人非常痛恨把他们的头发剪短。哈雷·凯塞是陆军第542分校的士官长，当他带领一群后备军时，他想解决这个问题，他向士兵吼道："后备军也是正规的军队，对你们，我要提出严厉的批评。"

后备军们开始窃窃私语，有人埋怨凯塞士官长是专门找他们碴儿的，有人讥讽凯塞士官长的批评不讲情面。凯塞士官长沉默了一会儿，说："各位先生们，什么情面？我从不讲情面，军规大于天！你们该了解军队对理发的规定，你们都是军人，你们必须为尊重你们的人做一个榜样。我现在也要去理发，比某些人的还头发要短得多。"

后备军安静了一点，凯塞士官长环顾四周，继续说道："工作是工作，感情归感情。如果我们每个人都不把自己的头发剪短，经常一副披头散发的模样，这还有什么打仗的精神劲儿呢？要被别人笑掉大牙的！你们可以对着镜子看看，是不是需要理发了？你们要做一个榜样，要做一个合格的军人，我会帮你们安排时间到理发部理发。"

第三，批评要直接干脆。有些人总是犯同样的错误，这时对他们的惩罚要选准时机，下定决心后要及时、果断地对其批评教育。

优化批评的尺度与方式

当员工犯了错误时，身为领导，无可避免地要对其加以批评。不过，将才批评下属时需要考虑周全、拿捏得当。在他们看来，不批评，起不到鞭策的作用；批评重了，容易伤害下属的自尊，最终也收不到应有的效果。所以，一味批评并不可取，重在分寸上的掌握上，要让批评达到最佳的效果。

确实，批评不必那么直来直去，很多事是可以以不同方式灵活处理的，只要能注意方式和方法，就可以做到忠言不逆耳、良药不苦口，这样既达到了批评的目的，又让人易于接受，如此你也就具备了将才的沟通力。

松下幸之助曾说过："任何人难免犯错误，即使是一些职务很高的人也不例外。对于我们公司干部的过错，我决不会视而不见,对他们采取姑息宽容的态度。相反,我要提出书面批评,提醒他们改正错误。"不过,松下幸之助训导人时,尽管口气严厉、脾气暴躁,但从来都是以理服人,往往也会起到很好的效果。

有一次,一个员工犯了错,松下幸之助把该员工叫来,说:"我对你的做法提出书面批评,当然,如果你对我的批评毫不在乎,那么,我们的谈话就到此为止;如果你对此不满,认为这样太过分了,你受不了,我可以作罢;如果你心服口服,真心实意地认为我的批评确有道理,那么,尽管这种做法会使你付出一定代价,但它对你仍然是值得的。你通过深刻地反省,会逐渐成为一名出类拔萃的干部,请你考虑一下。"

听了松下幸之助的话,员工说:"我接受批评。"

"是真的接受吗?是从心底里欢迎批评吗?"松下幸之助问。

该员工答道:"是的。"

"你很幸运,"松下幸之助微笑了一下,接着继续说道,"你的幸运就在于,有我和其他领导可以监督你、批评你。如果能够有人这样向我提出批评,我会感到由衷地高兴。但是,假如我做错了事,恐怕你们只会在背地里议论,绝对不会当面批评我。那么,我势必会在不知不觉之中重犯错误。职位越高,接受批评的机会就越少,一个人的进步也会越小。"

该员工沉默了一会儿,点点头:"您说得很对。"

"这太好了。"松下幸之助说,"我会十分高兴地向你提出批评。"

"我十分高兴接受您的批评。"该员工深深地向松下幸之助鞠了一个躬。

如果我们希望自己的批评取得效果,就决不能使别人反恐自己。松下幸之助批评下属的方式委婉含蓄,因为他先晓之以理、动之以情,那位员工才会很愉快地接受其后来的批评。同一件事、同一个目的换一种方式,就可能产生截然不同的效果。

那么,批评时具体应该怎么做呢?以下有几点参观建议。

第一,措辞要客观委婉。不恰当的措辞,生硬直白的批评方式,可能激怒对方。比如:"你必须听我的,改变那种做法,否则……"这种命令式的威吓很难使人心服口服,即使他可能表面服从了你,他的心里也说不定会怨恨你,这样就根本谈不上实现了通过批评来改变、帮助他人的目的。

措辞为什么不可以客观委婉一些呢？"这种做法不符合上面的规定，会带来很多麻烦，我们看看怎样做才更好。""你出这样的错，可能是不小心、缺乏经验造成的，与你能力没有关系……"相信听到这样的话，谁都会反思领悟，从而愉快地接受批评，改正错误。

第二，采取先扬后抑的方式。有的将才之所以善于运用批评，就是因为他们能采取先扬后抑的方式，比如，"小刘，你的调整报告写得不错，你肯定下了不少功夫。但是，有一个重要的问题你要注意……""小斌，自从你进了公司之后，你的表现很不错，对你取得的成绩，我非常赞赏。就是有一点，我觉得你可以做得更好，我也相信你一定愿意改正的……"

从赞扬开始，然后进行批评，最后以忠告结束，这种方式既解决了问题，也没伤害到对方的感情，是一个奇妙的批评方法。

除此之外，在批评时还可以运用多种方法。如通过列举分析历史人物、现实中人物、逸闻趣事等，影射其错误；笑话暗示法，通过一个笑话，使他认识错误，既有幽默感，又不会使他感到尴尬；还可采用故事暗示法等。

第三，事后进行必要沟通。现实生活中，大多数人会把重点放在批评上，却不能为下属指明道路，这就相当于给患者看病，却没有开出药方。因此，在批评的同时，要尽量掌控自己的情绪，即在自己发火之后，别忘记事后进行必要的沟通，这样的批评才可以起到好的效果。

就任通用总裁之后，杰克·韦尔奇面临一项棘手的工作——免除查尔斯·史坦恩梅兹的计算部门主管职务。史坦恩梅兹在电器方面是个非常难得的天才，但担任计算部门主管时的成绩却不令人满意，他并没有展现出其应有的管理能力，因此，公司几度想调离他。不过，公司也不敢轻易调离史坦恩梅兹，因为公司绝对少不了他的帮助。而且，史坦恩梅兹的脾气是出了名的火爆，要是知道自己被开除了，他也许会闹得不可开交。最终，如何以恰当的方式对他这个工作职位进行变更，就成为一个让人头疼的问题。

了解到这一情况后，韦尔奇决定亲自出马。一天，他约史坦恩梅兹到他的办公室，他说："史坦恩梅兹先生，现在公司有一个工程师顾问的职务，这项工作非常重要，需要对公司的运营做出全盘的计划与建议,我们考虑你是最合适的人选,不知你是否有兴趣来担任这样的职务。"

史坦恩梅兹回答道:"没问题,只要是公司的决定,我都乐意接受。"对于这一调动,史坦恩梅兹内心十分满意。因为他自己心里明白,更换职务是因为自己做部门主管不称职,是对自己的严厉批评,他虽然心里不痛快,但无疑这一问题的处理方式是对自己最有利的。然而,更为精彩的还在后头!史坦恩梅兹走后,韦尔奇悄悄给史坦恩梅兹的妻子拨通了电话,对她说:"今天你先生回家,脸色一定难看,请好好照顾他!"

就这样,杰克·韦尔奇巧妙地调离了这位最暴躁的大牌明星,但并没有引起大的风波——因为他提出批评之后,不忘鼓励,尊重了史坦恩梅兹的情感与利益,也保住了史坦恩梅兹的面子。最终,他使史坦恩梅兹佩服得五体投地,决心继续干下去,而且要干得更好。

批评是一门艺术,也是对于将才沟通力的最好考验。为将帅者不应轻视任何一个犯错的下属,要相信他们有足够的能力去克服自身的问题,态度诚恳、循循善诱地跟他讨论其所犯的错误,并陪他一起去面对,做好善后工作,这样更具有说服力,也更能让下属心悦诚服。

总之,批评是改正错误、增强内部团结、促进事业发展的有力武器,批评更是一门艺术。

第 13 章
将才如何提升学习力

一个人的领导能力是通过在岗位上自我变革、自我超越、自我发展而来的。但所有的经验会固化，只有不断保持学习的热情，才能与时俱进，更新观念，提升本领。

心无旁骛专注于一事

面对诱惑如此之多的世界，面对竞争如此激烈的职场，将才是怎么取得成功的呢？这是很多人都渴望知道的答案。不同的人给出的答案往往是多种多样的，但有一点是相同的，那就是将才做事都很专注。

杰里米·瓦里纳原本是一位很普通的年轻人，但只用了短短几年时间，他就成了美国田径新生代的灵魂人物——在 2004 年的雅典奥运会上，他获得男子 400 米跑冠军、

4×400米接力赛冠军；在2005年世界田径锦标赛上，他获得男子400米跑冠军、4×400米接力赛冠军。而且，他是自1964年后美国第一个在400米跑项目上"夺牌"的白人选手。

对于自己的成功，瓦里纳给出的秘诀是"墨镜"。的确，在赛场上，瓦里纳总是戴着一副墨镜飞奔，在很多人眼里，戴眼镜是一种负累，但是瓦里纳却说："没关系，我一共有三十多副墨镜呢。黑色的镜片可以把对手都挡在我的视线之外，我可以更专注于自己的比赛。"

杰里米·瓦里纳戴着墨镜奔跑，只是为了让自己不分心，能全神贯注地去比赛。这是瓦里纳的优势，也是他成功的关键。

美国励志电影《阿甘正传》讲述了先天身体残疾、智力不足的阿甘一次次铸就生命巅峰的故事。无论何时何地，阿甘都铭记妈妈的忠告："一心一意做事。"在军队训练拆卸手枪的时候，那个黑人不停地说时，阿甘则在专注地不停地干，他把枪卸掉装好时，黑人还没有拆卸完；跑步时，他什么都不顾，只是不停地跑，他跑过了儿时的伤心往事，跑过了大学的足球场，成为出色的国家运动员；打乒乓球时,他眼里则只有球,其他什么事情也不想,结果,他成了"国手"……

为什么杰里米·瓦里纳资质平平,阿甘看似愚钝,却取得了远远超过他们实际能力的成就?原因很简单,他们足够专注,能不受任何内心欲望和外界诱惑的干扰,能全身心地投入,心无旁骛地努力。由此可知,"专注"的力量有多么伟大!

古训说得好:"欲多则心散,心散则志衰,志衰则思不达。"的确,在一件事上用了多少时间并不重要,重要的是你是否能专注地去做。

可见,成为将才并不复杂,重要的是你能心无旁骛地去做一件事。从很大程度上讲,普通人活得不比将才出色,就是因为他们缺乏这种抛弃杂念、心无旁骛的专注力,经常左顾右盼,或是四面出击,如此"欲多""心散",最终只会一事无成。

所谓专注力,就是一种注意力。心理学研究发现,良好的注意力是大脑进行感知、记忆、思维等认知活动的基本条件,并且人有足够的意识去控制自己的大脑,使自己尽可能在需要的时候高度集中注意力,即注意力是可以培养的。

第一,善用心理集中注意力。阻碍注意力的一个重要因素,就是受到了胡思乱想、心有所虑等心理因素的干扰。为此,你可以在做事情前做一做深呼吸、闭目养神等,把心中的杂念排除。你也可以先做一些自己喜欢的事情,心理上获得一定的愉悦后,接下来就容易集中精力了。

当然,精力能否集中,并不完全是自身的问题,与各种干扰因素不无关第。这时,你要学会自我约束,一旦发现自己精力分散,要在心里立即给自己喊"停";也可以及时对自己进行积极暗示,从无意识转入有意识的专注状态。

波兰有个叫玛妮雅的小女孩,她学习非常专心,因为她坚信只有学好功课,才能成为一个有作为的人。但糟糕的是,她有一个十分淘气的妹妹。在她做功课时,妹妹经常在她面前唱歌、跳舞、讲笑话,玛妮雅很想和妹妹一起玩耍,但她总会在第一时间提醒自己"不""我不能贪玩,不能三心二意""我要专心写作业,作业写完了再玩也不迟"……结果,不管周围怎么吵闹,都分散不了她的注意力。

一次,妹妹和几个小伙伴想试探一下玛妮雅的注意力。她们悄悄地在玛妮雅身后搭起几张凳子,只要玛妮雅一动,凳子就会倒下来。时间悄悄地过去了,玛妮雅读完了一本书，凳子仍然搭在那儿。从此，妹妹再也不挑逗玛妮雅了，而且也像她一样专心读书，认真学习了。

玛妮雅长大后，成为了一伟大的科学家，她就是居里夫人。

第二，经常做一些相应的训练。为了使自己的注意力更集中，不妨经常试着做一些相应的训练。这些练习简单易学，只要坚持一段时间，就可明显改善和提高注意力水平。

（1）盯点法。盯点法是再简单不过的练习了，在公车上、办公室、家里等场所，你可以随时随地训练，每天盯着某个点或物体看上几分钟，可以有效地改善注意力分散的问题。

（2）舒尔特训练法。在一张方形卡片上画上25个方格，在格子内任意填写上阿拉伯数字1～25共25个数字。用手指按1～25的顺序依次指出其位置，同时诵读出声。这个方法是世界上最专业、最普及、最简单的注意力训练法。

（3）调用全身感觉器官法。经常做一些手、眼、口全部动起来的训练，在这样一个调用全身感觉器官的过程中，易于抑制身心疲劳，注意力会大大增加，对抗外界的干扰能力也会增强。

积极地自省

身为一位成功的领导者,你可能像大多数人一样在职业生涯初期获得过很多指导和帮助,也受到过严格的监督和批评。但随着职位越来越高,上司不再监督你的一举一动,下属虽然清楚你的工作情况,却因怕冒犯你而多半不直言,这时你会怎么办?

将才的做法就是自省。自省,乃自我反省、自我省察,这是一种学习能力。如果你能够严以律己,经常反思自己的思想和行为,严格地自我批评,在反省中清醒,在反省中明辨是非,在反省中变得睿智、不断进步,那么你终能成为将才。

相反,如果你不能自省自律,发现不了自己存在的不足,甚至做出了错误的事情而丝毫不知。那么,想要进步则会举步维艰,即便你再怎样标新立异,即便你再忙忙碌碌,最终也将一事无成。

自省是一次检阅自己的机会,更是一次提升自己的机会。是否具备自我反省的能力、是否有自我反省的精神,决定了你能不能认识到自己的不足，能不能不断地学到新东西。消极地逃避，还是积极地自省，将在很大程度上影响一个人的未来。

夏朝时期，大禹有个儿子叫伯启。一次，一个背叛夏朝的诸侯有扈氏率兵入侵夏朝，夏禹就派伯启作为统帅发兵抵抗。经过几轮残酷的作战后，伯启不幸战败了。他的部下非常不服气，一致要求负罪再战。

这时候，伯启说："不用再战了。我的地盘不比他们小，兵马也不比他们差，结果我竟然被打败了，这是怎么一回事呢？我想，这错一定在我身上，或许是我的品德不如敌方将领，或许是我教导军队的方法有错误。从今天起，我要努力找出自身的问题所在，加以改正后，再出兵不迟。"

从此以后，伯启不再讲究个人的衣食住行，而是立志奋发图强，勤政爱民，尊重并任用有贤能的人才，他的军队一天天强大起来。不过几年，有扈氏得知这个情况，非但不敢再来侵犯夏朝，还心甘情愿地投降于伯启了。

这个故事提醒我们，只有律己自省，才能真正认识自己，只有真正认识自己，并做出了相应的行动，才能不断进步，不断完善自己。自省，是一条增强个人生存实力的重要途径，也是每一位希望为将者和已经为将者不可或缺的一种学习力。

自省是寻找自己的"不完美"，这就犹如用锋利的手术刀解剖自己，毫无疑问，这是一件痛苦的事，也正是人们之所以不敢、不愿反省自己的主要原因。那些成功的将才也是普通人，所不同的是，他们能以非凡的勇气、强大的心灵正视自己。

原一平是日本保险业的"泰斗"，他在27岁时进入日本明治保险公司，开始了营销生涯。当时，他连午餐都吃不起，经常露宿公园。有一天，他向一位老人推销保险，等他详细地说明之后，老人平静地说："你的介绍丝毫引不起我投保的意愿。"

原一平哑口无言，老人解释道："年轻人，你知不知道自己的不足之处在哪里呢？赤裸裸地审视自己，毫无保留地彻底反省，发现自己的不足吧。如果做不到这一点，你将来就不会有什么前途……"

原一平接受了老人的教诲，他策划了一个"批评原一平"的集会，让自己的家人、朋友、同事等指出自己的缺点。"你的个性太急躁了,常常沉不住气""你有些自以为是,往往听不进别人的意见""你欠缺丰富的知识,必须加强进修"……原一平把大家提出的宝贵意见一一记录下来,每天晚上进行反省。

随着反省的定期进行,原一平发觉自己不断在"蜕变",每天都感觉自己就像获得了新生一样。到了1959年,他的销售业绩荣膺全日本之最,并连续15年保持全日本销售量第一的好成绩,被称为日本"保险行销之神"、日本最伟大的推销员。谈及自己的成功,原一平这样总结道:"如果每个人都能把自我反省提前几十年,便有50%的人可能让自己成为一名了不起的人。"

原一平成功的关键在于他有自省的能力和勇气,也就是他能客观公正地审查自己,不留情面地剖析自己。不仅如此,他还热烈欢迎别人批评自己。更重要的是,他会尝试着去改正、去改变原有的不足。通过这种不断地努力,他的个人魅力和工作能力得到了全面提高,并一步步趋于完美。

"君子博学而日参省乎己,则知明而行无过矣。"一个将才,只有不断地完善自己,敢于时刻面对自己,自省鞭策,使自己在不断地探索中获得进步,在不断地在改进中得以提升，才有资格去要求下属，才能促使下属律己自省，创造出一个精英团队。

具体来说，将才的自省包括以下几点。

第一，对工作进行评估。回顾自己近期的所说、所为、所想，作出自我判断，即明辨是对还是错，是妥还是不妥，是该还是不该，是有价值还是没价值，尽责了没有，效果如何，如"我哪些事情处理得不够好，需要做出哪方面的改进？""我现在为人处世的方式是否够机智、够成熟？""我是不是需要突破一些思维定式""下属对我的工作是否认可"……

第二，自省领导方式。成功的将才会形成一种既能适应公司需要，又符合自己信念和个性的领导风格。要想成为将才，你需要自省你的领导方式，如"我对自己的领导风格是否满意？它是否真正反映出我是怎样的一个人？我是充分表明自己的立场，还是踌躇不决？"……

成功的将才并不追求永不犯错，而是设法发现自己工作上的偏差，并尽快回到正轨上。每隔一段时间就放下手头繁忙的事务，静下心来想一下这些关键问题。一直坚持下去，你肯定会不断地进步，最终成为一名优秀的将才式人物。

谦逊为人，见贤思齐

你是将才吗？你想成为将才吗？

在回答这一问题前，你得先问问自己：你够谦逊吗？

什么是谦逊？"三人行，必有我师焉！""海纳百川，见贤而思齐"，就是谦逊。在现代人看来，将才不必或不应谦逊，认为它会有失自己的身份，妨碍实现宏伟的目标。而实际上，谦逊有着令人难以置信的力量，毕竟谦逊不是去否定自己，而是尊重别人。

如果你总是趾高气扬地出现在员工面前，员工就会对你敬而远之；如果你总是目中无人，把别人看得很低，别人也不会真正尊重你。这时，即使你有才华、有能力，若没人支持和配合你，也是难以完成你预定的目标的？

但当一个人身居高位，却以谦虚待人，以礼貌敬人，虚怀若谷，那么你周围的人就会感受到亲切、温暖、友好，工作自然也就能够顺利开展，持续地创造惊人业绩。

古语说："地低成海，人低成王。"世间万事万物皆起之于低，成之于低，深此道者则为大智之人。更何况，"满招损，谦受益"，人生无止境，事业无止境，知识无止境，向"贤"看齐，向"贤"学习，可以取"贤"之长，补己之短，才能不断完善自己。

很久以前，一个小有成就，但心气颇高的学者，前往深山中拜访一位隐居的智者。学者自认为自己各方面的造诣很深，言谈之间流露出对智者的傲慢无礼，不但在智者讲话时不停地插话，甚至轻蔑地说："哦，这个我早就知道了。"

智者没有停下来指责学者的出言不逊，他只是停了下来，拿起茶壶再次为学者倒茶，尽管茶杯里的茶还剩下八分满，智者却没有停下来，只是不断地往茶杯中倒水，直到茶水从杯中溢出，流得满桌都是。

学者见状，连忙提醒他："老人家，杯子里的水已经满了，您为什么还要往里倒水呢？别倒了，杯子已经满了，根本装不下了。"

智者听了，放下茶壶，平静地说："是啊！如果你不先把原来的茶水倒掉，又怎么能品尝到我现在给你倒的茶呢？"

这个故事告诉人们：山外有山，天外有天，人外有人，谁也不可能是一个全知全能的"万事通"，谁也不能保证自己所学的知识一辈子够用，这就更需要我们克服刚愎自用、自以为是的毛病，用一颗谦虚的心对待别人，谦逊有礼，不耻下问。

所以，作为一名统领团队的将才，要想得到别人的尊敬和支持，必须力戒骄傲自满、言过其实，把自己放在较低的位置上。你或许很有天赋和能力，但是要想成为一名合格的将才，仅有才智还不行，你还必须把你的才智与谦逊结合起来。

比尔·盖茨是美国微软公司的前董事长，他带领着自己的团队创造了IT业界一个又一个神话，多次蝉联世界首富的宝座。但比尔·盖茨并没有因此而自傲，他经常会不耻下问，虚心向他人请教。关于他，就流传着这样一些小故事。

作为董事长，比尔·盖茨有自己的助理来帮助准备各种讲稿，他只要照着讲就可以了。但每次演讲前，比尔·盖茨都会仔细批注并认真地准备和练习讲稿。而且，每次演讲完，他都会下来和助理交流，问他："我今天哪里讲得好，哪里讲得不好?"并且,他还会拿个本子认真地记下来自己哪里做错了,以便下次更正和提高。

有一次,比尔·盖茨在公司演讲时,在众多喝彩声中,他听到有个员工说了一句"不好"。下台后,比尔·盖茨专门找到了这位员工,恭恭敬敬地说道:"我听到你说不好,想必你有自己独到的高见。在这里,我恭请赐教,期望能够亡羊补牢……"

一个人在事业上如此成功,却还能这般谦逊有礼,还能放低姿态向下属请教,这是非常难得的一种学习力。

一个人的体验是有限的,重要的是应通过向多数人学习,接受多数人的意见,获得多方面的体验。大凡成功的将才都具有很强的学习能力,一个成功的将才所具有非凡能力也不是与生俱来的,而是不断地向他人学习,汲取别人的长处,在学习过程中,一步步地完善和发展自身的才能才形成的。

首先,要以缓和的语气开始谈话,不要针锋相对,不要炫耀自己的知识和才能,并尽量从别人的话题切入。这表示你要创造一个中立的、可靠的气氛,让大家放弃对立情绪。以下是一些缓和语气的句子,正确地使用这些句子,将使你受益匪浅。

"我的看法与你相同，但是……"

"你的论点很好，是否介意我提一个问题……"

"那一点我根本没有想到。如果可以，我问一下……"

"我很乐意回答那个问题，你能不能帮我说明一下……"

其次，谦逊还表现在态度上。为将帅者虽然身居要职，但必须对自己的权威有透彻的认识，更要认识到自身所承担的这份职责，要及时收起自己的妄自尊大，将自己融入团队中。见贤而思齐，当你的能力越来越强时，无论你走到哪里，都能引来别人的追随！

再次，谦逊还表现在重用那些才能出众而锋芒毕露的人。有些领导喜欢招贤纳才，但一旦用起人才来，又担心功高盖主而嫉贤妒能，甚至迫害人才，这种想法和做法是万万要不得的。

楚汉相争时，刘邦之所以能够战胜项羽，关键在于他善于容人、用人，重用了谋士张良、大将韩信、丞相萧何而取天下。而三国时期的袁绍恰恰相反，他非但不听谋士田丰的建议，还把田丰扣押入狱。结果"官渡之战"大败，他领悟到田丰比自己高明，"吾不用田丰言，果为所笑"。但他不但不褒奖田丰，反而下令杀害了田丰。

山不解释自己的高度,并不影响它耸立云端;海不解释自己的深度,并不影响它容纳百川;地不解释自己的厚度,但没有谁能取代它作为万物的根基……克制狂妄之心,海纳百川,见贤思齐,才能最终取得辉煌的成就。

在岗位上保持充电状态

你的工作是否走进了一个"死胡同",有些问题总是解决不好?你的地位受到了冲击,别人能做好的事情,你却做不好,你感到恐慌、焦虑、担忧?如果有,你应该问问自己,在走向将才的路上,你是否故步自封了?

经过数十年的努力,王萍终于从一名普通的财务人员升到了公司财务部门总监的位子,享受着优厚的薪水和福利待遇。王萍自恃资历老、功劳大,便放松了对自己的要求。过了一段时间,财务部来了一个名牌财经大学的毕业生小芬。身为财务部的负责人公司的前辈,王萍在工作上尽量帮助小芬。

但很快,王萍发现小芬的工作能力极强,她的账目做得漂漂亮亮、无可挑剔，而且她的英语、计算机水平都很高，可谓才华出众。相比之下，王萍除了资历以外，似乎处处不如人，这让她感到了一种前所未有的压力和恐惧。结果，王萍因为不能全身心地投入工作，一些项目频频出错，屡次受到领导批评。

　　事例中王萍的遭遇启示了我们：不要以为功成名就了就满足现状，万事大吉，不思上进。资历不是能力，这是一个凭实力说话的年代，能者上，庸者下，今天是将才，不一定明天也是将才。这并非耸人听闻，要知道，我们所赖以生存的知识、技能、经验等一直在不断地折旧。目前西方白领阶层流行这样一条知识折旧定律："一年不学习，你所拥有的全部知识就会折旧80%。你今天不懂的东西，到明天早晨就过时了。现在有关这个世界的绝大多数观念，也许在不到两年时间里，将成为永远的过去。"

　　明白了这个道理后，你要想改变目前的工作现状，最好的解决办法便是永远不要止步不前，永远不要满足现状，永远保持积极进取的态度，不断用新知识、新技能、新方法来提升自己。唯有如此，你才能保持自己的竞争优势，最终成为所在领域的将才。

社会在不断发展进步，职场上的竞争也趋激烈，一时的成功不意谓着永远的成功。为此，你要不断地"充电"。"充电"这个词很形象，人就好比一台机器，工作就像是"放电"，如果一味"放电"，机器的损耗是非常快的。要想保持十足的动力，就要不时地"充电"。

　　目前市场上，会计类、计算机等职场培训班五花八门、应有尽有，你都可以适当地参加。另外，大部分的企业年年都会为员工制订各种培训计划、组织参观学习、开设讲座班等，你要主动争取每个机会，去学习那些对你的工作有益的知识与技能。

　　"充电"？你是不是会抱怨自己除了工作以外，根本没有多余的时间去学习？你要是这么想就错了，其实工作也是学习的一个大好机会。试想，工作中每天都有新情况、新问题、新挑战，你每天都要面对新事物、新问题，学习与工作相伴，学习也就是工作。

　　在工作中学习，这不仅是提升自己的最好机会，也是是最佳方法。因为只有在工作中，我们才能真正明白自己的不足，意识到问题的所在，并从中总结经验，学习有关知识，不断地提高自己。

永远以激发潜力为目标

　　将才是在范围更大、更广的区域里最终做出大成绩的人才。将才开发了自身无穷无尽的潜能。潜力，就是潜在的能量。每个人都有无限的潜力，但大多数人只发挥了不到10%，剩下90%以上的潜力则被深藏起来。如果潜力得不到开发，那它就会一直处于休眠状态，人们难以察觉它的所在，更无法使用它，取得的成就也就有限。

　　摩西老母是一位普普通通的美国妇女，也是一家公司的一名小职员。摩西老母很努力、很上进，在各方面做得还不错，但也称不上成功。83岁时，一次，她在公交站牌等她的朋友，久等不到，她闲来无聊，便顺手抓起一支笔，在随身携带的本子上画画。谁知，几分钟后，她竟然画出了一幅绝妙的画，由此她发现了自己的潜能，最终成为了一名大画家。

　　摩西老母的绘画天才绝不是80多岁时突然具有的，很可能早在几十年前,她就已经具备了,可惜她没有使用这一才能,结果连她自己都不知道自己会画画。

事实上,只要你掌握了潜力开发的方法,多给自己一些刺激,多一分胆略和毅力,你就有可能将自己身上处于休眠状态的潜力发挥出来。

潜力的开发并不复杂,只要你不懈地去努力,平时学习更多的东西,努力开拓自己的视野,并持之以恒地进行探索和追求,你就能不断地开发自己的潜力。

常听到有些人说:"我很笨,脑子不好使,手脚也不灵,我不可能是将才。"有的人一心想为将帅,但在壮志未酬时,会干脆放弃努力,甘居下游……其实,即便你现在再怎么失意,你也并非与将才绝对无缘,因为你还有成功最大的资本——潜力!

潜力无极限,再努力一点,你总会成功的。